www.dvseditora.com.br/boom

O BOOM NA EDUCAÇÃO

O Aprendizado Online

O BOOM NA EDUCAÇÃO

O Aprendizado Online

Victor Mirshawka
Victor Mirshawka Jr.

DVS Editora Ltda.
Al. dos Tacaúnas, 694
Planalto Paulista - São Paulo - SP
CEP 04068-021
Tel.: (0xx11) 5584-0314
www.dvseditora.com.br

Copyright© 2002, DVS Editora Ltda.

Todos os direitos para a língua portuguesa reservados pela editora.

Nenhuma parte dessa publicação poderá ser reproduzida, guardada pelo sistema "retrieval" ou transmitida de qualquer modo ou por qualquer outro meio, seja este eletrônico, mecânico, de fotocópia, de gravação, ou outros, sem prévia autorização, por escrito, da editora.

Revisão: Jandira Lobo de Oliveira.
Produção Gráfica, Diagramação e Fotolitos: Spazio Publicidade e Propaganda.
Ilustração: Jean Monteiro Barbosa.
Design da Capa: Danilo Tanese e Denis Scorsato.
ISBN: 85-88329-04-2

Endereço para correspondência com os autores:
Victor Mirshawka - Victor Mirshawka Jr.
Site: www.dvseditora.com.br/boom
e-mail: boom@dvseditora.com.br

Dados Internacionais de Catalogação na Publicação (CIP)
(Câmara Brasileira do Livro, SP, Brasil)

```
Mirshawka, Victor
   O Boom na educação : o aprendizado online /
Victor Mirshawka, Victor Mirshawka Jr. --
São Paulo : DVS Editora, 2002.

   1. Educação - Processamento de dados 2. Ensino
assistido por computador I. Mirshawka Júnior,
Victor. II. Título III. Título: O aprendizado
online.
```

02-2058   CDD-371.334

Índices para catálogo sistemático:

1. Aprendizado online : Educação   371.334

APRESENTAÇÃO

Apesar da evolução tecnológica, que prometeu mais tempo livre há alguns anos, aparentemente estamos trabalhando mais e mais.

Pelo advento da comunicação instantânea, somos localizáveis em qualquer lugar, a qualquer hora, então, porque não continuar produzindo mesmo quando em nossa residência, após o expediente, ou na casa de campo, durante as curtas férias?

E, pela Internet, é cada vez mais simples transportar nosso escritório, ou ambiente de trabalho, conosco, pois grande parte do mesmo pode ser virtualizado, nas mais diversas áreas.

Pense no banco de investimentos ou varejo, na criação de um produto, no desenho industrial ou artístico, na pintura, nas relações públicas e assessoria de imprensa, no jornalismo, na fotografia, até na mecânica, medicina, para citar apenas algumas. Inegavelmente, várias das competências intelectuais necessárias a estas e muitas outras áreas podem ser potencializadas por recursos tecnológicos, e melhor desenvolvidas com os mesmos.

Dispor de um computador, uma conexão à grande rede mundial, e de tempo, é tudo de que precisamos para continuar trabalhando.

E fazemos isso pois somos cada vez mais exigidos... Com certeza, exigidos também no tocante à nossa preparação educacional. Você provavelmente já ouviu dizer que não pode mais parar de estudar, e que, talvez, uma formação que inclua até um curso de MBA, seja absolutamente o mínimo necessário que uma empresa queira de você para cogitar empregá-lo.

Além disso, o mundo atribulado atual nem sempre permite que comemoremos nossas vitórias, ou apreciemos o resultado daquilo que temos feito, construído, refinado, desenvolvido, a duras penas e com tanta intensidade, relegando até entes queridos a um segundo plano...

APRESENTAÇÃO

Corremos tanto para lá e para cá, que nem sempre damo-nos o tempo necessário para refletir sobre o que estamos efetivamente realizando; quer seja a criação de um certo nível de conforto para nossa família, quer seja a modificação do nosso ambiente, quer sejam grandes obras que venham a influenciar paradigmas sociais e culturais.

Especialmente, quem **trabalha com educação**, nem sempre dá-se a correta e precisa importância, pois, além de conviver com escassez de recursos no dia-a-dia, exerce um ofício que, no mínimo, tem o poder de formar personalidades, quiçá de fazê-lo com responsabilidade e integridade tal que contribua para melhorar o convívio social.

Além disso, ainda tem o educador a possibilidade de capacitar o profissional que vai definir o futuro de sua própria família, de seu grupo, talvez influenciando o futuro da nação e do mundo.

Com relação ao assunto trabalho, afirma Thomaz Wood Jr., em seu livro *Executivos Neuróticos, Empresas Nervosas*, que existe uma pesquisadora canadense, citada em um dos capítulos, que diz o seguinte:

O trabalho que faz sentido é aquele que:

- gera valor e é feito de forma eficiente, criando algo útil;
- é recompensador, trazendo prazer e sentimento de realização;
- é moralmente aceitável e contribui para o meio social;
- proporciona experiências humanas recompensadoras;
- ajuda a estruturar o tempo e a criar rotinas que balizam o dia-a-dia;
- garante a segurança e a autonomia do indivíduo.

Trabalhar em educação, na Fundação Armando Alvares Penteado (FAAP), e na elaboração do livro *O Boom na Educação – O Aprendizado Online*, com certeza comprova positivamente todas as declarações citadas acima.

Em primeiro lugar, pois a FAAP, onde militamos em funções administrativas e docentes, tem sempre se notabilizado por tomar a dianteira em algumas revoluções pertinentes ao paradigma educacional no Brasil, tanto pela estratégia de gestão e modelo de conduta que a instituição estabeleceu, bem como pelo apoio, incentivo e disponibilização de recursos aos seus colaboradores.

Além de ser o palco de eventos de primeira grandeza, fazendo afluir ao seu *campus*, autoridades da mais elevada estirpe nas áreas de política, ciência,

APRESENTAÇÃO

artes, economia etc., e de ter organizado algumas das mais importantes exposições artísticas da cidade de São Paulo, nos últimos tempos, a FAAP tem investido maciça e continuamente na formação de seu corpo docente e em tecnologia de ponta, para servir de recurso de trabalho ao mesmo.

Sua entidade mantenedora, na pessoa da presidente do Conselho Curador, sra. Celita Procópio de Carvalho, do diretor presidente, dr. Antonio Bias Bueno Guillon e do diretor tesoureiro, dr. Américo Fialdini Jr., formularam e vem implementando a estratégia de transformar as faculdades e departamentos mantidos pela FAAP, em verdadeiros centros de excelência para suprir a demanda por educação de altíssimo nível.

Em segundo lugar, porque percebemos, após termos a possibilidade de testar conhecimentos na própria FAAP, especialmente através da criação do curso de especialização em Tecnologia Educacional, que uma revolução monumental se opera na área educacional, um verdadeiro **boom**.

Talvez o advento do avanço tecnológico tenha fornecido à educação, uma condição de mudança jamais vista, qual seja aquela de difundir o modelo de aprendizado *online*.

Imagine-se num mundo exigente em termos de capital intelectual, mas também em que você será capaz de acessar informação, conhecimento e fazer os mais variados cursos, de curta, média ou longa duração, com certificados informais ou títulos de mestre e doutor sendo outorgados, apenas dispondo de um computador, ou outro aparelho de ligação, uma conexão à grande rede, tempo e dinheiro para investir em você mesmo.

Mas notando que apesar de ser, por exemplo, brasileiro, estes cursos poderão estar sendo oferecidos na Austrália, na França, na China, ou nos Estados Unidos, e você não precisará ir até estes países, pois todos os cursos estarão fundamentalmente sediados num mesmo lugar: **o ciberespaço.**

Este livro tem o propósito de descortinar, de maneira direta e aplicável na prática, o novo universo do aprendizado *online*, pois achamos que esta é uma das muitas revoluções irreversíveis.

Com certeza, confiamos que o professor, em sala de aula, ainda terá, por muito tempo, um importante papel, diferente talvez do que tinha há alguns anos.

Mas precisamos entender que conceitos como *blended learning* e *e-learning* vão modificar a forma como desenvolvemos a arte e a ciência da educação.

Para facilitar a compreensão desses conceitos, o livro foi organizado com conteúdo pertinente ao aprendizado *online*, na forma de capítulos encadeados por uma seqüência conveniente para a aprendizagem, visando aplicação prá-

APRESENTAÇÃO

tica, e entremeados por **observações importantes** e **reflexões**, onde alguns pontos vitais ou pertinentes são tratados em mais detalhes.

Se por um lado, estamos muito satisfeitos de poder continuar contribuindo com a evolução do padrão de qualidade da educação na FAAP, por outro, esperamos que este livro contribua para o engrandecimento dos leitores, pois assim estaremos provocando, quem sabe, modificações no nosso País, pois todos deveríamos ter o mesmo projeto: **transformar o Brasil num celeiro de capital intelectual, onde a educação fosse o investimento mais importante.**

Durante a preparação deste livro, pudemos contar com o apoio inestimável do grupo de professores da FAAP envolvido no projeto de aprendizado *online* da instituição.

Este grupo participou ativamente deste trabalho com correções do texto do livro, bem como com valiosas sugestões. Assim sendo, agradecemos aos seguintes colegas:

Humberto Emílio Massareto, professor da Faculdade de Comunicação e da Central de Cursos (CECUR), e coordenador dos cursos de Mestrado em Tecnologia Educacional.

João Lúcio Neto, professor e coordenador da Central de Cursos (CECUR).

Lúcio José de Sá Leitão Agra, professor da Faculdade de Comunicação.

Luiz Alberto de Souza Aranha Machado, diretor da Faculdade de Economia.

Luiz Fernando Martins de Castro, professor e coordenador de estágios da Faculdade de Direito.

Mario Corrêa da Fonseca Filho, professor da Faculdade de Administração.

Ofélia Maria Guazzelli Charoux, coordenadora pedagógica da Central de Cursos (CECUR) e professora da Faculdade de Administração.

Rubens Fernandes Júnior, diretor da Faculdade de Comunicação.

Silvio Passarelli, diretor da Faculdade de Artes Plásticas.

Sonia Helena dos Santos, coordenadora pedagógica da Faculdade de Artes Plásticas e professora da Faculdade de Administração.

Os autores.

CAPÍTULO 1
PREPARANDO-SE CONVENIENTEMENTE PARA SER BEM-SUCEDIDO NO APRENDIZADO ONLINE

1.1 – Introdução	1
1.2 – Aprendizado síncrono e assíncrono	3
1.3 – Diferentes tipos de curso	6
Observação importante – Nomenclatura e conceitos do aprendizado eletrônico	10
Reflexão – As mudanças do aprendizado interativo	11
1.4 – O professor como membro de uma equipe	20
Reflexão – O que faz um *webmaster*?	23
Observação importante – Conteúdo do texto	26
1.5 – O que deve o professor aprender ou saber para ensinar *online*	27
Reflexão - O que é um *site* pessoal na rede?	38
Observação importante – A interatividade	44
1.6 – O que o professor deve esperar dos aprendizes	46
Reflexão – *E-mail* chega aos 30 anos!!!	54
Observação importante – Desenvolvimento do *e-learning*	56

CAPÍTULO 2
MITOS E RESTRIÇÕES DO ENSINO E APRENDIZADO ONLINE

2.1 – Mitos no ensino e aprendizado *online*	59
Reflexão – Crenças fundamentais	64
Observação importante – Progresso do aprendizado *online*	66

ÍNDICE

2.2 – Restrições existentes no ensino e aprendizado *online* 67

Reflexão – O significado e a necessidade de banda larga para uma
maior eficácia do aprendizado *online* 71

Reflexão - As grandes diferenças de educação entre as gerações 75

CAPÍTULO 3
ORGANIZANDO O CURSO *ONLINE*

3.1 – Levando em conta os itens básicos 79

Reflexão – Linguagem da Internet 83

Observação importante – A netiqueta 86

3.2 – Entrosando os aprendizes com os recursos disponíveis e os cuidados que devem tomar 88

Reflexão – Universidade remota 92

Observação importante – As possibilidades de aprendizado *online* 94

3.3 – Estratégias para a avaliação dos alunos num curso *online,*
o acompanhamento do seu progresso e a melhoria do mesmo 100

Reflexão – Educação cívica 113

Observação importante – A Internet não vai criar uma geração de analfabetos 115

CAPÍTULO 4
DANDO OS ÚLTIMOS RETOQUES PARA INICIAR A INSTRUÇÃO NO CURSO *ONLINE*

4.1 – Necessidades básicas para implementar um ambiente seguro no aprendizado *online* 117

Reflexão – Evolução do *e-learning* 119

Observação importante – Produtos para o *e-learning* 120

Reflexão – Novos atores na educação 121

Observação importante – Pesquisa sobre *e-learning* no Brasil 129

4.2 – O uso de estratégias de ensino eficazes 132

Reflexão – O efeito casulo 140

ÍNDICE

Observação importante – A liberdade no ciberespaço 144

4.3 – Considerações Prospectivas 149

Reflexão final – Um mundo cada vez mais veloz 150

GLOSSÁRIO 155

BIBLIOGRAFIA 167

CAPÍTULO 1
PREPARANDO-SE CONVENIENTEMENTE PARA SER BEM-SUCEDIDO NO APRENDIZADO ONLINE

1.1 – INTRODUÇÃO

O aprendizado *online* está apenas na sua infância, principalmente no Brasil.

Assim como o surgimento dos livros alguns séculos atrás permitiu uma ampla expansão do aprendizado por todo o mundo, a

"Cuidado, não erre na hora de entrar com a senha, pois se isto ocorrer serás castigado!!!"

World Wide Web possibilitou recentemente o aparecimento de recursos para a difusão de conhecimento de formas nunca imagináveis no início da década de 90.

Adicionalmente, a criação de poderosos programas para computador que permitem realizar excelentes conferências, atualmente fornecem condições para o professor se comunicar com os aprendizes praticamente da mesma maneira (ou até melhor...) do que na relação face a face nas salas de aula, e isto a distância e em qualquer momento.

O foco deste livro é o aprendizado interativo que envolva uma participação significativa e contínua entre os instrutores e os aprendizes.

Será dada mais ênfase inicialmente ao aprendizado que acontece com grupos de aprendizes no lugar de um estudante independente, aprendendo sozinho.

CAPÍTULO 1

São muitas as instituições de ensino (IEs) que já estão experimentando como podem se valer das **novas ferramentas** e **tecnologias** para ampliar o acesso à educação, inclusive para pessoas que não tinham antes essa possibilidade.

Estas organizações educacionais buscam também melhorar a qualidade de ensino que é oferecida nas aulas face a face, ou seja, as chamadas **aulas presenciais**.

Além disso, estão procurando mudar a natureza da interação ensino-aprendizado envolvendo os estudantes mais diretamente na criação de ambientes de aprendizado eficazes.

Devemos alertar que o conhecimento nesse campo - o da educação virtual, ou como o chamaremos mais neste trabalho de **aprendizado *online*** - tem caráter dinâmico, pois a cada dia que passa surgem novas experiências mais eficientes.

Este livro foi escrito com a finalidade de oferecer aos gestores educacionais e particularmente aos professores, tanto aos mais experientes como aos que iniciam esta maravilhosa carreira, que é a de ensinar os outros, um conjunto de princípios e sugestões que permita expandir a sua compreensão do que vem realmente a ser o ambiente de aprendizado *online*, bem como as competências necessárias para trabalhar no mesmo.

Esses princípios e sugestões foram sintetizados da literatura já existente sobre o assunto e, em boa parte, das nossas observações sobre o ensino virtual oferecido em vários cursos, fundamentalmente os de especialização e pós-graduação na Fundação Armando Alvares Penteado (FAAP), em particular no curso de especialização em Tecnologia Educacional (MTE) para os professores da FAAP.

Aliás, muito do que está indicado neste trabalho faz parte do conjunto de sugestões e do *feedback* (realimentação) que recebemos destes aprendizes especiais: **os docentes da FAAP**.

Com o objetivo de explicar o que ocorre na prática de fato no ensino e aprendizado *online*, é que procuramos escrever este livro, esperando que seus leitores nos enviem sugestões e forneçam *feedback* das suas próprias experiências no aprendizado *online* e sobre o próprio livro.

Muitos educadores já reconheceram de forma clara o potencial da *Web* para modificar radicalmente seus métodos de ensino e atingir mais aprendizes, ou estes em diferentes lugares.

O intuito deste livro é o de estabelecer a *Web* como um fórum ou meio que permite agregar, ou melhor, juntar as pessoas para uma **educação formal**, contudo o(a) leitor(a) poderá usar muitas das sugestões para um aprendizado grupal em condições informais, claro fundamentadas na *Web*.

As sugestões dadas neste livro podem de imediato ser usadas em vários níveis de educação, basicamente, nos últimos anos do 2º grau, nas faculdades, em vários cursos de especialização e pós-graduação, e inclusive nas empresas, que hoje em dia estão implementando as suas universidades corporativas.

A *Web* está sempre mudando, estão surgindo a cada dia novos recursos, de maneira que se algo não for dito ou ressaltado neste livro – pois ele começará a ficar obsoleto assim que for publicado –, o(a) leitor(a), à medida que o for lendo, aprenderá a adaptar as "novidades" que forem aparecendo aos seus próprios cursos.

É o caso, por exemplo, do uso de fóruns incluindo o acesso à informação visual ou conexão com estações de rádio do mundo todo, ou então o acesso a milhões de páginas contendo praticamente qualquer tipo de conteúdo imaginável.

1.2 – APRENDIZADO SÍNCRONO E ASSÍNCRONO

As interações realizadas na *Web* podem ser **síncronas** ou **assíncronas**.

"Ué, onde foi parar o meu *mouse*?"

As interações síncronas são aquelas nas quais os aprendizes estão *online*, **todos ao mesmo tempo**.

Exemplos de atividades que usam as características da comunicação síncrona incluem o *brainstorming* (tempestade de idéias), *role playing* (interpretação de papéis), e a discussão sobre o conteúdo do curso em tempo real.

Já as interações assíncronas são aquelas que não acontecem ao mesmo tempo ou, como se diz nos programas de televisão, não são "ao vivo".

Os aprendizes participam das atividades de um curso nas horas e nos dias que lhes são mais convenientes, ou seja, é como "encomendar" um filme na TV por assinatura, no momento mais adequado que cada um(a) quer assisti-lo.

CAPÍTULO 1

A interação retardada permite aos aprendizes estabelecer o próprio ritmo e ainda refletir um pouco antes de contribuir para alguma discussão *online*.

Em muitos contextos, a tecnologia educacional que hoje existe, além do quadro negro e da palavra escrita em livros e apostilas – como o uso das transparências, dos *slides* e dos filmes explicativos –, não amplia de forma proeminente o papel das trocas de informação entre o aprendiz, o professor e o conteúdo que deve ser aprendido.

Todavia, no aprendizado *online* a tecnologia está sempre presente e é dominante em termos da atenção que ela exige do instrutor e do aprendiz.

Em vista disso, ela precisa ser estruturada de maneira criativa e, além do mais, deve ser repassada **continuamente** pelo professor facilitador para o aluno.

Na Figura 1.1 estão os diagramas do ensino presencial (face a face) e do virtual (*online*).

Hoje em dia, a tecnologia permite que se aprenda estando a grande distância do centro emissor das informações.

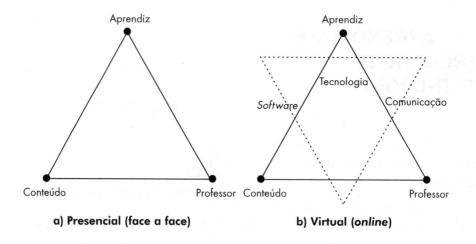

Figura 1.1 - Os sistemas de ensino e aprendizado.

Contudo, mesmo quando o aprendizado *online* é usado de maneira eficaz, é a presença constante dos alunos na sala de aula virtual que deve ser incorporada conceitualmente dentro dos planos instrucionais e de aprendizado.

Neste livro, ao nos referirmos ao **aprendizado *online,*** estaremos entendendo que todas as atividades se passam com os estudantes conectados à Internet.

Na realidade, os cursos sobre os quais estaremos falando não necessitam de nenhum componente face a face, porém estamos cientes de que, principalmente aqui no Brasil, muitos cursos serão no início mistos, isto é, terão interações *online* e diversos encontros em salas de aula tradicionais, ou seja, ter-se-á o *blended learning* (aprendizado combinado), também chamado de semipresencial.

A nossa proposta é que o ambiente de aprendizado *online* engaje de forma dinâmica tanto o aprendiz como o professor facilitador através das mais variadas estratégias interativas.

É claro que o foco principal está no **aprendiz cliente.**

Entretanto, devemos entender e reconhecer a natureza crítica das decisões que o instrutor *online* deve tomar para organizar um ambiente de aprendizado efetivo.

Dependendo do específico contexto e dos objetivos instrucionais, as aulas talvez tenham que privilegiar o conteúdo, focar mais o ensino ou apoiar-se na tecnologia, sem esquecer naturalmente a eficiência do aprendizado!!!

Neste sentido, a base teórica para o aprendizado está apoiada na **teoria construtivista**, a qual estabelece que o aprendizado eficaz ocorre quando os aprendizes constroem de maneira ativa o seu conhecimento por meio de seu engajamento intelectual, da sua participação em tarefas autênticas e do seu forte envolvimento individual no estudo.

Os aprendizes adquirem o significado para as coisas através da integração das suas experiências prévias com os novos conceitos e compreensões que vão acumulando.

Assim, por exemplo, quando os aprendizes assistem a uma aula (presencial ou virtual), eles chegam com metas próprias e interesses pessoais.

Como o aprendizado é descoberta a transformação de informação complexa, os aprendizes precisam encontrar múltiplos caminhos para ligar a nova informação às suas experiências prévias.

Você está pronto para aprender como se faz isto?

Que bom!!!

Vamos então começar!!!

1.3 – DIFERENTES TIPOS DE CURSO

Antes de começar a organizar um curso *online*, o professor(a) facilitador(a), deve levar em conta, ou seja, analisar a sua própria filosofia e as hipóteses que precisa formular sobre o processo de ensino e aprendizado a ser desenvolvido.

Ele precisa pensar também na estrutura organizacional a partir da qual irá desenvolver e oferecer o seu curso, sobre as pessoas que deve ter para ajudá-lo(a) a estruturar o curso e a natureza do ambiente *online* que ele(a) quer criar.

"O Júnior aqui, disse que pode conectar o senhor na Internet se for tirado do castigo!!!"

É claro que em primeiro lugar você deve conhecer a si mesmo(a), suas suposições, suas preferências para lecionar e aprender e principalmente os seus pontos fortes e fracos.

Compreendendo bem as suas próprias perspectivas e aptidões, você estará apto(a) a melhor auxiliar e contribuir para o rápido aprendizado dos outros.

Muitas ferramentas podem ajudá-lo(a) a compreender a si mesmo e as suas preferências para o sucesso de ensinar e aprender.

Talvez a mais comum entre estas ferramentas seja o indicador de tipo de pessoa que você é, o de Myers Briggs, ou talvez o indicador de mudança de estilo (http://www.discoverylearning.net), ou ainda o classificador de temperamento de Keirsey (http://keirsey.com).

Com essas orientações (ou outras similares), você, meu (minha) estimado(a) leitor(a) estará apto(a) a praticar uma auto-reflexão, e com a sua experiência na sala de aula e no ensino *online*, irá descobrindo importantes informações sobre o seu próprio estilo de ensinar e as suas preferências.

Para não parecermos cabotinos e chatos ao mesmo tempo, daqui para frente, ao se referir ao docente virtual, ele aparecerá no masculino, porém isto não significa que não estamos nos importando com as professoras, que inclusive já superaram os professores em muitas áreas.

Este livro tem por objetivo ajudar a formar aquele indivíduo que, com muita habilidade, usando todos os modernos recursos da tecnologia de comunicação, queira levar a educação aos mais longínquos rincões do nosso País, seja ele homem ou mulher.

Ambos, entretanto, exercendo seguramente uma das mais lindas profissões, que é a de ensinar!!!

E sabemos todos que o Brasil só será um País de primeiro mundo quando o nosso povo tiver um melhor nível de educação!!!

À medida que você for considerando se deve ou não incorporar a instrução *online* ao seu curso, deve também levar em conta a própria filosofia de ensino e aprendizado.

Por exemplo, o seu enfoque filosófico para os cursos interativos *online* pode ser diferente daquele que é apresentado na *Web*, em muitos cursos focados particularmente no conteúdo.

Assim você deve até mesmo pensar em participar de algum curso *online*, para aí sim colocar à prova as suas suposições como professor e aprendiz.

Existem quatro diferentes enfoques filosóficos de ensino e aprendizado que podem ser explorados pelo professor-facilitador.

1. Centrado no professor.

Num curso centrado no professor, o mestre organiza o curso, o conteúdo e as atividades de aprendizado sem dar grande oportunidade de participação ou *input* (entrada), ou ainda de negociação, aos aprendizes.

O enfoque centrado no professor pode ser bem útil quando existe uma quantidade específica do conteúdo que de fato interesse aos estudantes e sobre o qual a sua influência ou participação é praticamente nula.

Em um ambiente *online*, isto é obtido freqüentemente através de páginas *Web* com muito conteúdo e ferramentas particulares de avaliação, como testes e muitos exercícios para serem feitos pelo aprendiz.

A discussão com e entre os aprendizes pode ou não representar um papel relevante neste tipo de formato.

Como professor, você é quem tem o controle e dirige totalmente o aprendizado, disponibilizando os recursos necessários ao engajamento dos aprendizes.

No aprendizado centrado no professor, o docente pode não interagir ou engajar-se com os aprendizes como um membro do seu grupo.

2. Centrado no aprendiz.

Devemos estruturar um curso focalizando o aprendiz, de maneira a capacitá-lo a participar do processo de selecionar e desenvolver o conteúdo.

De um lado, o professor é também um membro pleno do grupo que participa do aprendizado, no qual não tem pressuposições inalteráveis sobre o conteúdo ou sobre a direção do próprio curso. Neste caso, cabe ao professor saber negociar com os aprendizes tanto o conteúdo a ser discutido e ensinado, como as estratégias que serão usadas para atingir esse objetivo.

De outro lado, ou seja, no outro extremo, o instrutor-facilitador pode ter preparado um curso tão bem estruturado que permita muito pouco espaço no qual os aprendizes possam se manifestar ou dar sugestões de como e o que gostariam de aprender.

Nos cursos interativos *online*, é ao professor sempre que cabe a responsabilidade de fornecer a estrutura do curso, entretanto neste caso ele permite muita flexibilidade e dá condições para negociação, por parte dos aprendizes, sobre o conteúdo pleno e o formato para desenvolvê-lo.

Desde que um curso *online* exige muito mais preparação do que os cursos presenciais, é bem útil que uma tal estrutura de curso já esteja implementada.

O professor então pode facilitar, vale dizer, abrir o diálogo para discutir os eventuais problemas que possam surgir, por exemplo, sobre os recursos externos necessários para que todos os alunos tenham maior facilidade de adquirir os conhecimentos apresentados.

Resumidamente, dentro dessa filosofia de ensino e aprendizado, o professor, no seu papel de membro do grupo, aprende também com os seus alunos, e no seu papel de facilitador (quando necessário) e especialista, toma as rédeas do ensino para passar todas as informações e o seu conhecimento.

Assim, no ensino centrado no aluno, o docente precisa encontrar um certo equilíbrio entre esses seus dois papéis.

3. Centrado em uma comunidade de aprendizado.

Os cursos centrados numa comunidade de aprendizado são aqueles que intencionalmente criam ambientes que reconhecem e enfatizam os aspectos sociais do aprendizado.

Embora o aprendizado seja sempre perseguido por razões individuais, nesse ambiente promove-se a interação social como sendo um processo que desempenha um papel vital para o aprendizado.

Através da criação proposital de um clima de segurança psicológica, os aprendizes com diversos *backgrounds* (níveis de conhecimento) estão aptos a aprender uns com os outros de maneira cooperativa e intensa.

Os cursos centrados no aprendizado comunitário permitem integrar as experiências dos estudantes com o novo conteúdo apresentado, ligar a prática à teoria, desenvolver nos estudantes as aptidões sociais e de trabalho em equipe, reduzir as taxas de tédio e de desânimo dos aprendizes e legitimar cada participante como pessoa e como aluno.

4. Voltado ou orientado pela tecnologia.

Num curso orientado pela tecnologia, a que for escolhida é a que vai impor muitas das decisões que o professor terá que tomar sobre a maneira com a qual irá formar o ambiente do curso e o enfoque que deverá observar para desenvolver o conteúdo do mesmo.

Em muitos casos, os professores adotam uma certa tecnologia porque é a que está disponível ou porque é a mais nova e a "melhor" entre os muitos produtos existentes.

Freqüentemente, neste caso, as necessidades do aprendiz e/ou as metas e objetivos de um instrutor tornam-se secundários em relação ao que a tecnologia irá permitir.

Simplificando, podemos afirmar que o perigo deste enfoque é que a tecnologia pode forçar o estabelecimento de um conteúdo, bem como da interação dentro de parâmetros prédeterminados, com o que se reprime muito a criatividade e sufoca-se bastante a espontaneidade do curso e dos integrantes nele envolvidos.

Alguns desses cursos podem ser totalmente automatizados, de forma que o papel principal do instrutor é o de programar as instruções para se lidar com ele no lugar de se preocupar como se pode interagir diretamente com os aprendizes.

Embora este tipo de curso tenha uma série de benefícios e possa servir para atender a um grande número de estudantes ao mesmo tempo, ele se parece muito com um programa de treinamento automatizado, e isto não é o que podemos chamar de um curso *online* interativo, cujo *design* é a principal intenção de mostrar neste livro.

CAPÍTULO 1

OBSERVAÇÃO IMPORTANTE – NOMENCLATURA E CONCEITOS DO APRENDIZADO ELETRÔNICO

Aprendizado *online* ou *e-learning* (aprendizado eletrônico) serão os termos que utilizaremos neste livro para definir o emprego das tecnologias da Internet para fornecer um amplo conjunto de soluções que melhorem o conhecimento e, como conseqüência, o desempenho das pessoas.

O *e-learning* ou o aprendizado *online* fundamenta-se em três critérios básicos:

1. É transmitido em rede, o que torna possível a utilização, armazenamento/recuperação, distribuição e compartilhamento instantâneos da instrução ou informação.

Este é um recurso espetacular e, inclusive, por mais úteis que sejam os CD-ROMs (e os DVDs) no provimento da instrução e da informação, em particular para a execução de simulações, eles nem de longe têm a capacidade de rede que possibilita que esta informação e instrução sejam enviadas e atualizadas instantaneamente.

Assim, apesar de os CD-ROMs serem a mídia para distribuição de sistemas de aprendizado fundamentados na tecnologia, não convém classificá-los como *e-learning* ou aprendizado *online*.

2. É fornecido ao aprendiz através do computador utilizando a tecnologia padrão da Internet.

Isto não está mais tão fácil de definir, pois o computador está em constante mudança!!!

É cada vez maior a convergência, e temos a *Web* em telefones celulares, *pagers* e *personal digital assistants*(PDAs), ou seja, o computador portátil que fornece ferramentas de trabalho diário em escritórios, como o Palm Pilot, e a fusão da televisão e computadores em produtos, como a *Web*-TV.

A principal característica no *e-learning* é a utilização das tecnologias-padrão da Internet, como o protocolo TCP/IP e os navegadores da *Web*, que criam uma plataforma universal de fornecimento universal.

3. É focado numa visão mais ampla, isto é, vai muito além dos paradigmas tradicionais de ensino.

No *e-learning* não se recebe apenas instrução, mas também informações e ferramentas que melhoram o desempenho do aprendiz para aquisição de outros conhecimentos.

REFLEXÃO – AS MUDANÇAS DO APRENDIZADO INTERATIVO

Todas as formas de tecnologia (sofisticada ou rudimentar) de comunicação, incluindo-se aí a correspondência, a imprensa, o telégrafo, o rádio e o computador, estão preocupadas com a transmissão da informação.

E claro que a mídia antiga (a correspondência, o telégrafo e o telefone) pode ser considerada interativa, porém não deixa de ser um sistema de **diálogo fechado**.

Numa conversa telefônica ou num intercâmbio de cartas, a participação é definida pelo relacionamento entre os indivíduos em cada ponta; o intuito dessa informação, pelo menos num primeiro momento, não é ser compartilhada fora desse intercâmbio.

Em outras palavras, esses são meios de comunicação privada, e não social.

Isto explica um pouco o conteúdo pessoal da Internet, como os *sites* individuais e os diários *online*, que são publicados visando à intimidade de **um-para-um** num meio que é **muitos-para-muitos**.

Como tecnologias de transmissão, a televisão, o cinema e o rádio comunicam a informação utilizando-se do ditado, não do diálogo.

Ao contrário dos sistemas de diálogo fechado, as tecnologias da difusão são **sistemas abertos, ou públicos**; porém estão abertos principalmente à recepção e não à interação.

Os espectadores ou os ouvintes têm um relacionamento não entre si, mas com a informação em si.

Quando as tecnologias de difusão pública tornaram-se a maneira comum de transmitir informação, a difusão pública tornou-se o principal meio de transmissão social.

CAPÍTULO 1

E assim, principalmente a partir dos anos 80 do século XX, pobreza, etnia, saúde e sexo evidenciaram o seu papel na insatisfação com as fórmulas de difusão.

Hoje, sem dúvida, há uma grande insatisfação com o paradigma da difusão, e principalmente a geração N-Gen (pessoas que têm hoje entre 5 e 25 anos) quer um modelo de maior interatividade na produção de meio de transmissão social que fale a toda a sociedade, pois na opinião dos N-Geners a televisão deixa de relatar muita coisa.

Porém, tudo isso está mudando à medida que a televisão se torna parte da mídia digital.

A adição da interatividade (já em fase experimental em alguns pontos do mundo) permitirá indubitavelmente que os telespectadores tornem-se ativos participantes, por exemplo, durante um programa de entrevistas, fazendo perguntas, votando, dando opiniões, solicitando informações complementares ou envolvendo-se com a discussão de algum tópico.

Mas, com certeza, de diversas maneiras a Internet é o primeiro meio interativo tecnológico de transmissão social desde o contador de histórias de uma aldeia ou tribo, visto que tanto o contador de histórias e a história (ou seja, tanto a informação quanto a fonte) estão presentes diante de todos os membros da comunidade ou da "tribo" e sujeitos ao escrutínio coletivo.

É claro que com todo esse potencial, uma das áreas que a Internet vai mais modificar será a da **educação**, forçando os professores a abandonar o seu velho paradigma: o sistema de pedagogia da difusão, saindo do formato de ensino e **aprendizado transmitido** para o ensino e **aprendizado interativo.**

Naturalmente os professores têm preocupações legítimas quanto ao seu futuro papel, à proporção que o modelo de aprendizado muda de **transmissão** para **interação**.

A terrível ameaça e ironia é que, se eles não mudarem e adaptarem suas aulas e a si mesmos ao novo modelo, enfrentarão ameaças ainda maiores à sua segurança no trabalho, pois a sociedade encontrará outras formas de aprendizado e de "afastar-se" deles − dos que não sabem ensinar interativamente −, e as evidências disto são o aumento do número de alunos que aprendem em casa com ensino *online*, e das universidades corporativas.

A *Web* e a Internet permitirão no século XXI a constituição de um ambiente de aprendizado interativo direto, como um todo.

Obviamente isto incluirá o vasto repertório do conhecimento humano, ferramentas para gerenciar esse conhecimento, acesso às pessoas, e uma crescente oferta de serviços que variarão do ambiente virtual para jovens do colégio na simulação de uma experiência de física, até os laboratórios virtuais para estudantes de medicina estudando, por exemplo, psiquiatria neurológica.

A criança de cinco anos poderá visitar o Museu do Louvre, olhando as obras expostas e "parando" para uma conversa; os alunos de faculdade poderão passear na superfície do planeta Marte; os geólogos terão condições de penetrar virtualmente nas profundezas da Terra; os médicos navegarão no sistema cardiovascular; os projetistas de automóveis sentar-se-ão no banco de trás do automóvel que estão projetando para avaliar a comodidade, e analisarão seu visual externo; e aprendizes de todas as idades, vivendo em São Paulo, poderão entrar, a qualquer momento que quiserem, nas bibliotecas de Washington ou de Londres, "folheando" os seus livros.

Pois é, um ambiente extremamente favorável ao aprendizado mais eficiente e eficaz.

O renomado escritor Don Tapscott, autor do *Geração Digital - A Crescente e Irreversível Ascensão da Geração Net* (Makron Books) e muitos outros *bestsellers*, identificou oito grandes mudanças do aprendizado interativo (Figura 1.1) pelos quais a exploração de nova mídia digital – a Internet – forçará os educadores e os aprendizes a passarem.

Eis os oito novos paradigmas da educação:

1. Do aprendizado linear para a hipermídia.

Quase todas as abordagens tradicionais ao aprendizado são lineares e elas remontam ao livro, que geralmente é lido do começo até o fim, como ferramenta de aprendizado.

Histórias, romances e outras narrativas são lineares.

A maior parte dos livros didáticos é escrita para ser estudada do começo até o fim.

Os *shows* (espetáculos) de televisão e vídeos educativos são desenvolvidos para ser assistidos do começo até o fim.

CAPÍTULO 1

Figura 1.2 - A transição do aprendizado transmitido para o interativo.

2. Da instrução para a construção e descoberta.

O que vemos atualmente é que os jovens (e também os aprendizes mais maduros) não querem informações otimizadas, pré-digeridas.

Eles querem **aprender fazendo** – sintetizando a sua própria compreensão –, geralmente com base em experiências. Assim o aprendizado torna-se experimental.

Isto não quer dizer que os ambientes de aprendizado, ou até mesmo os currículos, não devam ser planejados.

Porém, podem ser desenvolvidos em parceria com alunos ou pelos próprios estudantes.

O famoso educador Seymour Papert diz: "O absurdo da educação é que, ao ensinar alguma coisa, você priva alguém do prazer e do benefício da descoberta.

Assim, um professor instrutivista talvez até faça um jogo para ensinar a tabuada, já o mestre construtivista desafia seus alunos a criar o jogo para aprender a tabuada."

Realmente o ensino interativo procura fundamentar-se na abordagem construtivista.

Dessa maneira, em lugar de assimilar o conhecimento transmitido por um instrutor, o aprendiz reconstrói o conhecimento.

O construtivismo argumenta que as pessoas **aprendem melhor fazendo**, em vez de serem ensinadas a fazer.

As evidências para o construtivismo são persuasivas, porém isto não deveria causar surpresa.

O entusiasmo que os aprendizes demonstram por um fato ou conceito "descoberto" por si mesmos certamente é mais significativo e duradouro do que o mesmo fato simplesmente escrito pela professora no quadro-negro!?!

3. Da educação baseada no professor para a educação centralizada no aluno.

A nova mídia permite a centralização da experiência do aprendizado no indivíduo em lugar de ser centrada no transmissor.

Além disso, é óbvio que a educação baseada no aluno melhora a motivação do aluno a aprender.

Desta forma, aprendizado e diversão podem então convergir para um mesmo ponto.

É importante perceber que a mudança na educação não sugere que o papel do professor esteja sendo passado para um segundo plano.

O professor continua muito importante e valorizado no contexto baseado no aprendiz, e é **essencial** para criar e estruturar a experiência do aprendizado.

Claro que isto depende muito do assunto e ninguém deve pensar, por exemplo, que a melhor forma de aprender a tocar violão ou nadar seja através de descoberta!?!

A educação fundamentada no aluno normalmente se inicia com uma avaliação de habilidades, estilo de aprendizado, contexto social e outros fatores importantes que atestam seu nível de conhecimento e habilidades.

E aí devem ser usados programas de *software* que permitem estruturar e amoldar a experiência do aprendizado para os aprendizes.

É natural que o aprendizado torne-se mais ativo, com os alunos debatendo, pesquisando e colaborando nos seus projetos.

4. De assimilar o material para aprender a navegar e como aprender.

Isto significa aprender a sintetizar e não apenas a analisar. Os *N-Geners* avaliam e analisam fatos – um desafio gigantesco e sempre presente num mundo de fontes de informação facilmente acessíveis.

Porém, muito mais importante que tudo isso é que os *N-Geners* sabem **sintetizar**.

Eles se envolvem em fontes de informação e com outras pessoas na Internet e depois constroem estruturas e imagens mais elaboradas.

Como disse Carol Twigg, vice-presidente da Educom (um consórcio de universidades e escolas dedicadas à transformação da educação superior através da informática): "A explosão do conhecimento tem impacto no currículo da educação pós-secundária.

Assim, praticamente metade do conhecimento do estudante de engenharia elétrica, ao se formar, já está obsoleta.

Não se pode ter mais o professor que proclama:

'Aqui está o programa que vamos seguir, eu o transmitirei a você, de alguma maneira você o assimilará e então estará preparado para a vida.'

Claro que isto é uma brincadeira!!!

Não podemos mais preparar estudantes para viverem em um mundo em constante mutação **'empurrando'** o conhecimento."

5. Do aprendizado escolar para o aprendizado vitalício.

Para os jovens *boomers* (pessoas nascidas logo depois do término da 2ª Guerra Mundial em 1945), ansiosos para entrar o mais rápido no mercado de trabalho, a vida dividia-se em **aprender** e **fazer**.

Eles freqüentaram a escola e talvez a faculdade, e aprenderam algum ofício – para trabalhar num negócio ou ter uma profissão –, e pelo resto de sua vida seu desafio era simplesmente se manterem atualizados com os desenvolvimentos em seu campo.

Entretanto, hoje as coisas mudaram muito e os próprios *boomers* tiveram que reinventar suas bases de conhecimento algumas vezes para sobreviver...

O aprendizado efetivamente tornou-se um processo **contínuo** e **permanente**.

Já a *N-Gen* (pessoas de 5 a 25 anos de idade hoje) nasceu num mundo de aprendizado eterno e, ao contrário das IEs dos *boomers*, o atual sistema educacional está acelerando o ensino e o aprendizado através dos cursos *online*.

Na realidade, no século XXI as pessoas que ao terminar uma faculdade pensarem que estão preparadas para a próxima década, na verdade podem não estar preparadas para os próximos 60 minutos.

Este é o reflexo do *boom* (explosão) do conhecimento da humanidade em que a sua base parece estar dobrando a cada **12 meses**!!!

6. De um aprendizado tamanho único (serve para todos) para o aprendizado individualizado.

A educação de massa foi um produto da economia mundial.

Ela veio junto com a produção de massa, o *marketing* e a mídia de massa.

Mas os negócios em todas as partes do mundo estão passando para uma abordagem molecular ou individualizada, ou seja, **para mercados de um**.

A escola, como salienta Howard Gardner, professor da Harvard Graduate School of Education, é uma **idéia de produção em massa**, ou melhor, "você ensina a mesma coisa aos alunos do mesmo modo e os acessa do mesmo modo".

Claro que nesta visão um currículo é desenvolvido com base em informações pré-digeridas para uma transmissão mais favorável.

Obviamente se o currículo for bem estruturado e interessante, então grandes quantidades de alunos em qualquer grau "sintonizarão" a matéria e serão capazes de absorver a informação.

Já a mídia digital possibilita que os aprendizes sejam tratados como indivíduos – que tenham experiências de aprendizado altamente individualizadas baseadas na sua experiência, em talentos individuais e na sua faixa etária, no seu estilo cognitivo, em preferências pessoais, e assim por diante.

O respeitado educador Seymour Papert salienta:

"O que vejo como contribuição real da mídia digital à educação é a flexibilidade que permite que cada pessoa descubra seus próprios caminhos para o melhor aprendizado.

Isso possibilitará perfeitamente a concretização do sonho de cada educador progressista, ou seja, no ambiente do aprendizado do futuro, cada aprendiz será especial.

O modelo tradicional da classe de uma mesma faixa etária com ensino padronizado como uma 'comunidade de aprendizado' compartilhada por alunos e professores não é o melhor para se obter a socialização, no meu modo de ver."

CAPÍTULO 1

7. Do aprendizado como tarefa para o aprendizado como diversão.

Talvez falar em tortura seja um exagero, mas sem dúvida para muitos jovens e adultos, ir a uma IE não é exatamente o tempo mais divertido do dia.

Na "nova escola", ou seja, nos cursos *online*, é necessário tornar o ensino mais divertido, aliás isto também deveria estar acontecendo na escola tradicional presencial.

Por exemplo, o objetivo é o de tornar o ensino da matemática uma atividade divertida, desafiadora e tão interessante como digamos, aprender a jogar um *videogame*.

E isto pode e vai acontecer se os professores forem criativos.

Como diz a professora Kathy Yamashita, de ciberarte, no curso colegial:

"Acredito firmemente que aquilo que ensino não tem em primeiro lugar nada a ver com a tecnologia.

Mas claro, acho essencial que meus alunos tenham acesso à tecnologia.

Digo a eles: vocês estão aprendendo um modo de pensar, solucionar problemas e planejar, e 90% disto ocorre em sua cabeça e em sua criatividade.

Vocês estão criando sonhos e meios de concretizar esses sonhos.

É isso o que estamos fazendo com a educação, e a tecnologia é hoje uma ferramenta vital para ampliar a nossa imaginação, permitindo-nos 'sonhar com os olhos abertos' de maneira mais fácil."

Alguns educadores entretanto acham que se o aprendizado for divertido, ele não pode ser desafiador.

Esta concepção está errada!!!

É o desafio que proporciona boa parte do valor da diversão e vice-versa.

E por que o aprendizado não deveria ser um entretenimento?

O dicionário Webster, como terceira e quarta definições do verbo "entreter", dá: "reter ou manter na mente" e "receber e levar em consideração".

Em outras palavras, o entretenimento tem sido uma parte integrante do processo de aprendizado e os professores têm sido, ao longo da história, solicitados a convencer seus alunos a entreter idéias.

Dessa perspectiva, os melhores professores serão (e de fato têm sido...) aqueles que entretiverem os alunos.

Utilizando a nova mídia, o professor tornar-se-á um *entertainer* (pessoa que sabe entreter) e ao fazê-lo desenvolverá o prazer, a motivação e responsabilidade pelo aprendizado.

8. Do professor como transmissor ao professor como facilitador.

Aprender está se tornando uma atividade social facilitadora exercida por uma nova geração de educadores.

Realmente o novo papel do professor será o de atuar muito como recurso e consultor para equipes, além de desempenhar o papel de conselheiro (*coach*) para aprendizes desmotivados.

É evidente que continuará sendo a pessoa que facilitará todo o processo de ensino e aprendizado, participando inclusive como consultor técnico sobre como usar melhor a Internet.

O professor não será mais apenas o transmissor de instrução, apesar de que continuará sendo o principal articulador do conteúdo do que será ensinado.

Ele será um facilitador do aprendizado social, pelo qual os aprendizes construirão o seu próprio conhecimento.

Eles lembrarão o que aprenderem sobre golfinhos, voluntariado, administração participativa, engenharia econômica, *marketing* digital, desenvolvimento sustentável, etc., porque estarão pessoalmente interessados nestes assuntos.

Mais importante que isto, eles adquirirão habilidades de colaboração, pesquisa, análise e apresentação, e com a ajuda desse novo professor estarão construindo o seu conhecimento e o seu mundo.

É desnecessário enfatizar, mas seguramente duas gerações de professores necessitam aprender a usar novas ferramentas, estabelecer novas abordagens e adquirir novas habilidades.

Isto será um desafio – não apenas devido à resistência de alguns professores, mas também em decorrência do atual ambiente em muitos países (e isto não exclui o Brasil...), no qual os professores ganham mal, têm pouco tempo em razão das pressões de maiores cargas de trabalho e não possuem recursos para entrar em programas de retreinamento como o projeto *Reeducação* da FAAP.

1.4 – O PROFESSOR COMO MEMBRO DE UMA EQUIPE

O professor que quiser desenvolver um curso *online* vai precisar trabalhar com outros colegas, constituindo uma equipe para fazer o *design* instrucional desse curso.

O conceito de uma equipe, cujos membros têm aptidões complementares, é muito importante no planejamento, delineamento e implementação dos cursos *online*.

"O prof. Osvaldo não pode vir. Mas ele mandou o seu *laptop*..."

Deve-se iniciar o processo de formação da equipe definindo os papéis e responsabilidades dos integrantes do time, e comunicando esses papéis e responsabilidades a cada um dos envolvidos.

Funções e responsabilidade claramente definidas permitem o estabelecimento de uma relação de trabalho bastante sólida desde o *design* do curso até o processo de ensino e aprendizado *online* propriamente dito.

Quer se utilizem de tecnologias de aprendizado síncrono quer assíncrono, os membros da equipe podem ser:

- o professor ou o instrutor;
- um coordenador;
- o contato do aprendiz;
- o *designer* gráfico;
- o *designer* instrucional;
- o especialista em tecnologia;
- o técnico em recursos (ou tutor);
- o pessoal administrativo.

Dependendo do curso, da IE, do número de matriculados e do orçamento, a equipe de *design* pode crescer ou encolher bastante.

Uma equipe completa de profissionais para um projeto de EAD possui: o autor do conteúdo, produtor de áudio, diretor de criação, editor, especialista em avaliação, artista gráfico, *designer* gráfico, *designer* instrucional, responsável por implantação, analista de desempenho, gerente de projeto, analista de qualidade, patrocinador, especialista em análise de conteúdo, *designer* de sistemas, desenvolvedor de aplicativos, editor de vídeo, produtor de vídeo. É por isso que o custo da EAD é elevado!

Na maioria dos casos mais simples, é necessário ter-se o professor ou instrutor e talvez um especialista em tecnologia para executar todas essas tarefas, principalmente quando se estiver elaborando uma parte complementar de um curso presencial ou se estiver desenhando um curso não-curricular.

Porém, no caso geral, cada um desses integrantes do time de projeto de um curso *online* tem as seguintes obrigações:

➡ Professor ou instrutor.

Comumente é a pessoa que desempenha o papel do *expert* (especialista) instrucional ou do conteúdo.

Ele (ou ela) é responsável pelo planejamento, implementação e avaliação das atividades instrucionais que serão usadas para ensinar o assunto do curso e "influenciar" o aprendizado que decorrerá do mesmo.

À medida que a equipe cresce, o professor compartilha a sua responsabilidade pelo *design* e implementação do curso com outros integrantes do time.

➡ Coordenador.

Caso o curso faça parte de um currículo maior, de um programa de graduação ou de curso seqüencial, um coordenador será necessário para organizar o programa e servir de ligação entre o professor e professores de outros cursos.

O coordenador também auxilia o instrutor e os outros membros da equipe para assegurar a consistência da qualidade do curso no seu estilo e até mesmo na sua promoção e implementação.

➡ Contato do aprendiz.

Muitos programas de instrução *online* são elaborados tendo como alvo o ensino de adultos e aí torna-se necessária a presença de alguém que seja um ponto de contato com esses aprendizes.

Esse cargo de ligação ou contato com o estudante, requer competência para ajudar os aprendizes a navegar na Internet, para entrar em contato com a instituição que oferece o curso, para solucionar problemas relacionados com a estrutura organizacional e as políticas, e lidar com outras logísticas que podem estar obstruindo a eficácia do processo de aprendizado.

CAPÍTULO 1

➡ Designer gráfico.

Se porventura no curso forem usados gráficos altamente especializados ou efeitos visuais sofisticados, um *designer* gráfico talvez tenha que ser incluído na equipe para se poder criar os mesmos.

Ele (ou ela) auxilia no desenho de gráficos especiais no computador, de materiais com linda apresentação visual e qualquer outra coisa que o instrutor ou o *designer* instrucional solicitar.

➡ Designer instrucional.

Em alguns casos, um *designer* instrucional é a pessoa cuja função será a de guiar o professor no *design* global do curso e no uso das tecnologias apropriadas.

Isto normalmente acontece quando o curso faz parte de um programa de graduação ou de um curso seqüencial para o qual se deva atender a certos critérios.

Adicionalmente, se o instrutor foi contratado com o fim específico de ministrar um certo curso que já foi apresentado e desenvolvido, o *designer* instrucional poderá repassar as informações necessárias, já que participou do desenvolvimento do curso original.

➡ Especialista em tecnologia.

Este é o indivíduo responsável pelo ajuste do equipamento, das conexões na rede e na eliminação de todas as "encrencas" tecnológicas.

Esta pessoa precisa também estar ciente dos tipos de problema com que os aprendizes podem defrontar-se, tanto no que se refere ao *software* como aos equipamentos que utilizam.

Aliás, o especialista usualmente tanto ajuda os aprendizes como os professores com o seu conhecimento sobre as corretas aplicações de *hardware* e *software*.

Freqüentemente, as IEs precisam empregar vários especialistas com conhecimentos de tecnologia de comunicação via Internet para, durante 24 horas por dia, 7 dia por semana, ao longo do ano, ocuparem uma posição de *help desk* (suporte ao usuário).

Essa função é realmente de grande ajuda, tanto para os professores quanto para os aprendizes, e torna-se crítica à medida que o número de aprendizes num dado curso aumenta muito.

➡ **Técnico em recursos (ou tutor).**

O técnico em recursos, às vezes chamado de tutor, é responsável pelo desenvolvimento ou auxílio a fim de se encontrar as referências bibliográficas para leitura e outros meios (revistas, jornais, etc.) que tenham ligação com o conteúdo do curso.

Em certas situações, o técnico em recursos pode ser alguém ligado à biblioteca ou então uma pessoa que já fez esse curso e que assim funciona como monitor.

Outras vezes, esse técnico em recursos tem um nível educacional e cultural muito mais elevado, sendo alguém convidado para dar uma palestra no curso e até atender os aprendizes como mentor, isto é, um tutor especialista neste campo.

O técnico em recursos escolhido para um particular curso depende em muito do tópico a ser abordado, do seu formato e do foco ou importância que representa o material complementar para o mesmo.

➡ **Pessoal administrativo.**

Cabe ao pessoal administrativo assegurar um orçamento adequado para o curso e implementar um adequado esforço de *marketing* focado no curso.

O papel do pessoal administrativo varia enormemente em cada IE, entretanto ele deve existir toda vez que um curso *online* for oferecido.

REFLEXÃO – O QUE FAZ UM *WEBMASTER?*

Fundamentalmente, *webmaster* é aquela pessoa que opera ou administra um *site* da *Web*.

Um *webmaster* pode ser um indivíduo jovem, um programador júnior, um programador sênior com experiência em bancos de dados, ou um gerente de *marketing* com alguns anos de experiência, ou inclusive o professor do aprendizado *online* que adquiriu essas aptidões.

A Webmaster's Guild, que tornou-se a Associação de Profissionais da Internet, (www.association.org) criou a seguinte definição:

cAPíTuLo 1

"A meta de *webmaster* é projetar, implementar e manter um *site* da *Web* de forma eficaz.

Para atingir isso, um *webmaster* precisa ter conhecimentos em campos bem variados como: configuração de rede, *design* gráfico e de interface, desenvolvimento de *software*, estratégia comercial, redação e gerenciamento de projeto.

Como a função de um *webmaster* abrange tantas áreas, geralmente não existe apenas uma pessoa nesse cargo, porém uma equipe, principalmente quando se deseja oferecer um conteúdo atraente de *e-learning*."

Quando a *Web* era muito jovem (digamos, em 1994), existia talvez um pequeno grupo de algumas centenas de pessoas que se chamavam de *webmasters*, na sua maioria pessoal técnico que, por um motivo ou outro, imaginaram que poderiam manter um servidor da *Web*.

Naquele tempo, o *webmaster* tinha de configurar e manter o servidor, fazer toda a programação ou codificação HTML, e executar também um elegante *design*.

Atualmente, criar um *site* da *Web*, como o de uma IES, tornou-se algo vital para a organização de ensino, e como é uma atividade de alto nível, isto envolve o trabalho de uma equipe.

Essa equipe pode incluir alguém para planejar e administrar o *site*, alguém para redigir ou editar o conteúdo, uma pessoa de *marketing*, uma de *design*, um especialista em tecnologia e algumas outras pessoas.

Mesmo em uma pequena operação, o *webmaster* encarregado de criar um *site* da *Web*, tem funções e responsabilidades cada vez maiores.

Um *webmaster* deve ser capaz não só de ver o futuro mas também de inventá-lo, ou seja, ser capaz de aprender logo as novas tecnologias e aplicá-las de maneira adequada para se aproximar daquilo que vislumbra ser o estado ideal de um *site*!!!

Existem cinco tipos de *Webmasters*, a saber:

1. Webmaster técnico.

É uma pessoa que será responsável por supervisionar o servidor (ou mesmo os servidores se for para um *site* bem grande), por manter a conexão ativada, por garantir que todas as ligações de bancos de dados estejam perfeitamente integradas ao sistema do *site* e por ler os arquivos de *log* (registros das transações ou atividades realizadas na rede) e reagir a qualquer falha que ocorra no *site*.

2. Webmaster de conteúdo.

É a pessoa responsável por determinar como o conteúdo de curso será apresentado num *site*, definindo o estilo do texto, dialogando muito com o professor, e opinando sobre a escolha do conteúdo.

Em alguns casos, o profissional de conteúdo vai lidar com os padrões de apresentação do *site*, com o funcionamento da interface, ou mesmo com toda a estrutura do *site*.

Na *Web* o conteúdo está em primeiro lugar e por isto, principalmente para uma IES, é vital ter-se um capacitado *webmaster* de conteúdo, mais do que um *webmaster* técnico.

3. Webmaster de *design* e/ou produção.

Um *webmaster* de *design* ou produção atua comumente como um curinga.

Tem de tratar de tudo, desde o *design* geral do *site* até ilustrações para as páginas, criando modelos de páginas para simplificar a produção, digitalizando imagens, fazendo a manutenção de *tags* (códigos de identificação) HTML que especificam determinados tipos de *links* (enlaces), etc., trabalhando em conexão muito estreita com o professor do aprendizado *online*.

4. Webmaster comercial ou de *marketing*.

Com o crescimento do *e-commerce*, cada vez mais equipes de *sites* da *Web* estão agregando às suas fileiras pessoas com a responsabilidade de promover o *site* da *Web* (e com isto os seus produtos, como os cursos *online*).

5. Webmaster executivo.

É a pessoa encarregada da direção de uma equipe de *site* de *Web*, que as vezes em algumas empresas recebe o nome de produtor executivo, ou gerente do grupo para a Internet, ou um título criativo como coordenador de interatividade interna e externa da IES.

Claro que no caso de uma IES que irá procurar vender ensino virtual, essa pessoa precisa ter as seguintes competências: conhecer *marketing*, ser especialista no conteúdo e um especialista em tecnologia.

Embora vários profissionais já trabalhem como *webmasters*, muitos mais precisarão tornar-se *webmasters*, pois sem dúvida haverá uma explosão das comunicações via Internet, este tipo de profissional que entende de conteúdo, tecnologia, *design* e produção, *marketing*, comércio e gestão será tremendamente solicitado nas décadas iniciais do século XXI.

cAPíTuLo 1

 OBSERVAÇÃO IMPORTANTE – CONTEÚDO DO TEXTO

Este livro destina-se primordialmente para professores ou instrutores, estudantes e consultores na área de educação digital, porém serve também para os executivos da área de educação e treinamento, os quais vislumbram as vantagens que a *Web* e a Internet, bem como todas as tecnologias relacionadas, trarão para o campo do aprendizado, e que querem se assegurar de que, quando implementarem a sua estratégia de aprendizado *online*, o farão de forma que sejam bem-sucedidos.

Agora é o momento em que inúmeros aprendizes querem e podem obter um aprendizado não-convencional, isto é, o *e-learning* (aprendizado eletrônico).

Por isso mesmo o foco deste livro é a Internet, porquanto o aprendizado *online* é uma estratégia habilitada principalmente para a *Web*.

Na realidade que outros meios de fornecimento de tecnologia, como os CD-ROMs, têm o seu papel, mas por não terem capacidade de rede – o que cada vez mais sedimenta-se como o elemento essencial do *e-learning* –, a essas tecnologias não baseadas na *Web* foi reservado um papel sem muita importância.

Não podemos dizer que este seja um livro sobre "como criar um ensino baseado na *Web* tática", embora iremos falar muito sobre como é o ensino *online* de qualidade.

Em outras palavras, não é uma obra sobre criação ou programação, ou quais ferramentas são melhores que outras; e não entraremos nas complexidades de *design* de interface com o usuário ou navegação, apesar de termos algumas citações de recursos refinados que lidam com *design*, tecnologia e ferramentas.

Não discutiremos, detalhes sobre fornecedores e produtos específicos que já estão no mercado, até porque a velocidade segundo a qual esses produtos e suas tecnologias subjacentes estão sendo modificados, faz com que rapidamente eles se tornem obsoletos.

Claro que alguns fornecedores serão citados apenas como referência para algum tipo de reflexão, sem com isto indicarmos a preferência dos autores.

Na realidade, este livro pode ser entendido como um bom complemento dos muitos excelentes livros que já existem (pelo menos em língua inglesa) de "como fazer" para promover a criação de um ótimo aprendizado *online* (na questão *design* e tecnologia), e o que deve fazer o professor para uma implementação de ensino de sucesso.

Nossa esperança é que de fato este livro se torne um guia útil para as IESs (ou empresas) e para os professores (instrutores) que estiverem iniciando a sua jornada rumo ao *e-learning*, constituindo-se principalmente num recurso que permita transformar o trabalho de ensinar virtualmente em uma ação bem-sucedida.

1.5 – O QUE DEVE O PROFESSOR APRENDER OU SABER PARA ENSINAR *ONLINE*

O professor que desejar ter sucesso no ensino *online* precisa adquirir aptidões específicas que lhe permitam planificar e implementar o seu curso com eficiência.

"Eu gosto muito do aprendizado *online*."

Compreender as características da nova tecnologia, ou seja, ser um leitor de livros do tipo *A Bíblia da Internet* (Makron *Books* – 1998) é a sua obrigação inicial.

Outras tarefas mais específicas incluem:

- saber comunicar-se eficazmente com os membros da sua equipe;
- preparar e seguir um cronograma;
- trabalhar em equipe com o pessoal do *design* para desenvolver o formato do curso e as suas estratégias;
- obter a aprovação dos direitos autorais;
- programar palestras de convidados especialistas;
- tomar todos os cuidados com a logística;
- desenvolver planos de contingência;
- preparar a lista dos recursos necessários para acompanhar o curso antecipadamente;
- fornecer um *feedback* aos aprendizes.

CAPÍTULO 1

Cabe ao professor, ao fazer o *marketing* do programa ou do curso por ele desenvolvido, passar para o pessoal da divulgação do mesmo as necessidades mínimas de conhecimento dos inscritos, bem como as características do curso e as expectativas que serão atendidas para aqueles que nele se inscreverem.

Os cursos *online* atraem participantes das mais diversas localidades, e os aprendizes de fato podem ter necessidades totalmente diferentes.

Alguns por exemplo poderão ter sérios problemas com os programas de *software*, tanto para lidar com gráficos como com textos no ambiente *Web*, outros terão dificuldades de compreensão dos materiais, e alguns ainda ficarão preocupados com as acomodações, caso o curso exija a presença física na sede da instituição, por exemplo, para participar de provas especiais de avaliação.

Uma maneira de evitar desentendimentos e posteriores frustrações dos matriculados num curso *online* é a de enviar-lhes um pré-teste, e ao mesmo tempo fazer uma pesquisa ou levantamento de desejos e necessidades dos potenciais aprendizes antes de começar o curso, para ter um portfólio do que precisam e das suas deficiências e competências.

Ao compreender bem as necessidades dos aprendizes, o professor pode variar enormemente as suas apresentações, ajustando-as aos diversos estilos de aprendizagem (visual, auditiva e cinestésica), desenvolver materiais de apoio adequados e apresentar o conteúdo do curso das mais variadas maneiras, oferecendo aos estudantes diferentes formatos para a compreensão dos conceitos.

Num curso *online*, os múltiplos componentes – tecnologia e recursos – tornam-se essenciais quando o professor está desenhando o ambiente de ensino *online*.

Desenvolver um ambiente *online* usando a tecnologia existente não é uma coisa tão fácil quando o professor não está familiarizado como o uso da mídia e com os recursos disponíveis para os aprendizes.

O desafio, então, fica em aprender como usar bem a tecnologia enquanto se está fornecendo o treinamento técnico, os recursos, e passando o conteúdo do curso aos aprendizes.

É vital que o professor também adquira algum tipo de familiaridade com o *hardware* e o *software*, bem como saiba as suas principais características e vantagens.

Se a tecnologia que funciona bem **nem sempre consegue motivar adequadamente** os aprendizes, a tecnologia que não funciona bem pode fazer com que o aprendiz **desista** do curso *online*.

CAPÍTULO 1

Assim, é preciso tomar muito cuidado com a operação do *hardware* e do *software*.

São responsabilidades do professor: usar a tecnologia que possibilite mediar bem a comunicação, permitir acesso adequado para os aprendizes, organizar corretamente a informação instrucional e fornecer de forma eficaz a instrução propriamente dita.

Todo professor que vai trabalhar com o aprendizado *online* precisa realmente estar familiarizado com todos os recursos tecnológicos disponíveis na sua IE.

É muito importante que o instrutor que vai atuar no aprendizado *online* esteja sempre ciente que está ensinando na ausência da presença física, o que muitas vezes pode intimidar o professor.

A comunicação tradicional de um docente no ambiente físico é constituída de uma combinação de palavras faladas e escritas, de comunicação não-verbal, além do uso de gráficos e outras imagens que são adequadas para explicar melhor o significado das proposições e dos conceitos.

Os professores devem estar aptos a ajustar o conteúdo da sua comunicação e o intuito no "decorrer do vôo", ou seja, enquanto falam e percebem que alguns estudantes não os estão compreendendo, ou quando concluem, a partir das reações dos alunos, que alguns dos conceitos emitidos, bem como o seu significado, ainda não ficaram claros.

Infelizmente, em um ambiente completamente *online* este *feedback* – imediato e informal, verbal e não-verbal –, não está disponível para o professor no modo que ele está acostumado a enviar e a receber as informações e as questões.

De uma certa forma, esta ausência da tradicional comunicação corporal e de outros indícios físicos pode ser compensada através de símbolos, os quais permitem expressar a emoção ou o sentimento dos aprendizes em relação ao conteúdo que está sendo ensinado.

Uma das dificuldades no aprendizado *online* é por exemplo, o uso do humor, tanto por parte do professor como por parte dos estudantes, como um fator para criar um ambiente mais agradável para o aprendizado.

O professor e os seus aprendizes devem, pois, criar um espaço que seja seguro para todos os participantes.

Cabe ao instrutor explicar aos seus alunos as diferenças nos estilos de comunicação que ocorrem no ambiente *online*.

CAPÍTULO 1

Considerando-se que, cada participante desempenha um papel importante na criação e manutenção de um espaço seguro no aprendizado *online*, compete ao professor a função de guardião deste espaço.

No ensino tradicional, o aprendizado não ocorre apenas na sala de aula.

Ele acontece numa conversa fora da sala de aula com o professor, no trabalho de equipe, e inclusive nos momentos de socialização dos estudantes.

O professor precisa incorporar fóruns similares no seu curso *online*.

Por exemplo, ele pode organizar pequenos grupos em um espaço virtual para responder a questões sobre tópicos ensinados ou então para trabalhar em projetos em grupo.

Já fóruns com grupos grandes servem para que se possa responder a dúvidas sobre a tecnologia que apóia o ensino *online* ou inclusive ser um espaço para reflexões sobre o processo de ensino.

Assim grupos independentes ou informais devem ser constituídos para participar de fóruns tipo *cybercafé*, ou seja, grupos de bate-papo (*chats*) nos quais se tem espaço para que aconteça a interação social.

É muito importante que o professor, ao fazer o *design* do seu curso, inclua no mesmo um plano que contemple as atividades há pouco comentadas.

As interações *online* podem ocorrer de várias formas.

Uma forma comum de interação é aquela na qual o professor ou *designer* de um *Web site* coloca uma parte específica do conteúdo numa página *Web* tipo questionário, e que este tenha que ser obrigatoriamente lido e respondido pelos aprendizes, sendo posteriormente corrigido pelo instrutor, havendo dessa maneira uma interação, apesar de não existir uma comunicação direta entre o professor e os aprendizes.

Naturalmente, se o professor programar um *chat* síncrono, neste caso ocorrerá uma interação na qual muitos aprendizes poderão se comunicar uns com os outros e também com o professor.

Já ao se utilizar o *bulletin board* (quadro de avisos) podem-se estimular discussões de caráter assíncrono, isto é, ao longo do tempo, com as pessoas fazendo comentários e respondendo a perguntas umas das outras.

Às vezes, alguns aprendizes podem, dentro deste esquema, trabalhar juntos·num documento, acrescentando com o passar do tempo complementações ou correções ao mesmo, ou usar o ambiente *online* para a permuta de materiais (soluções de problemas, dados amostrais, comentários de textos, etc.).

Realmente a *Web* e as suas conexões oferecem um grande recurso para a captação de dados e informações, bem como para o envio de críticas e comentários.

Entretanto, na maioria dos casos, este trabalho individual (ou grupal) não deveria ser o ponto central de nenhum curso.

Porém, ao planejar o curso, o instrutor deve pensar sempre na possibilidade de incluir os mais variados tipos de interação, como: aprendiz com o professor, aprendiz com aprendiz, aprendiz com o especialista convidado/membro da comunidade; aprendiz com as ferramentas, aprendiz com o conteúdo, ou ainda aprendiz com o ambiente.

É fundamental que o professor inclua no seu curso uma grande variedade de atividades, permitindo todos esses tipos de interação ao longo do mesmo.

Vejamos alguns detalhes de cada uma das interações propostas, estando na Tabela 1.1 um apanhado completo de todos estes tipos:

1. Aprendiz com o professor.

No sentido formal, essa interação pode incluir notícias de jornais *online*, exercícios propostos ou testes, quando os aprendizes interagem diretamente com o professor e recebem dele algum *feedback*.

Também, em um outro sentido, o professor e os aprendizes podem interagir como colegas numa discussão grupal, embora o poder do docente de nivelar, ordenar e aceitar os diferentes pontos de vista esteja sempre com ele.

2. Aprendiz com aprendiz.

Envolve a participação de um aprendiz nas atividades de outro(s) colega(s).

Essas atividades podem incluir discussões *online* focalizando diferentes cenários de um problema, solução criativa de problemas ou estudo de casos.

Também podem ser as de um trabalho em grupo, no qual naturalmente surgirá algum tipo de compartilhamento de conhecimentos e divisão de tarefas.

3. Aprendiz com um especialista da área.

Mesmo que o cursos seja oferecido totalmente *online*, os aprendizes não devem estar confinados ao computador para todas as suas interações ou recursos didáticos.

cAPÍTuLo 1

Para dar um maior realce ao curso, os próprios aprendizes, ou então o instrutor, podem convidar um membro da comunidade que seja especialista no assunto que está sendo estudado para dar alguma contribuição ao curso.

As atividades que podem ser desenvolvidas vão desde uma entrevista, mantendo uma discussão *online*, até uma conferência virtual dada por um especialista, trazendo assim a sua experiência e o seu conhecimento para o grupo.

4. Aprendiz com o conteúdo.

Na interação do aprendiz com o conteúdo, o professor do curso, autor intelectual do material, desempenha um papel indireto na transferência do conteúdo ou orientando os aprendizes como devem estudar por conta própria.

As atividades dos aprendizes incluem a pesquisa, gerenciamento das informações colhidas ou recebidas, e principalmente a reflexão sobre todo este material.

Assim, os aprendizes interagem com o conteúdo ao lerem os textos, olhando os *websites* recomendados ou pesquisando bancos de dados.

5. Aprendiz com a tecnologia e com o ambiente.

A interação do aprendiz com a tecnologia acontece quando ele, para completar certas tarefas, deve utilizar programas especiais.

Existe hoje efetivamente uma grande variedade de *softwares*, que o estudante do curso *online* pode adaptar para várias aplicações que o ajudem a realizar seus trabalhos, que vão desde a execução de simulações até a captura de imagens, transferência de arquivos, acesso aos *sites* dos "especialistas", participação em *brainstormings,* etc.

No caso da interação com o ambiente, a mais comum é a busca de documentos em bibliotecas virtuais, ou então o acesso aos grandes bancos de dados já existentes.

O professor precisa tomar uma decisão muito importante antes de fazer o *design* do seu curso, ou melhor, quanto ao número de estudantes que nele estarão matriculados.

Embora muitos cursos de sucesso já tenham sido desenvolvidos com tamanhos múltiplos de uma centena, é fundametal ressaltar que quanto maior for o tamanho, maior deverá ser o apoio oferecido a cada aprendiz, mas assim a possibilidade de uma interação direta do estudante com o professor que montou o curso começa a diminuir...

Interações humanas	Tipos de atividades
Aprendiz ⟨⟩ Professor	➡ Autocontrole do aprendizado. Os participantes precisam aprender a gerenciar o seu tempo, planejar e gerenciar os recursos, processar as informações recebidas e avaliar o seu próprio desenvolvimento.Os aprendizes podem querer recorrer ao instrutor para tirar dúvidas. ➡ Solução colaborativa de problemas. ➡ O professor e os aprendizes participam de atividades em conjunto e compartilham seus conhecimentos. ➡ O professor observa, monitora e fornece *feedback* aos aprendizes. ➡ O professor age como facilitador para o grupo, respondendo a questões "nebulosas" que podem ocorrer numa discussão ou esclarecendo tópicos mal compreendidos.
Aprendiz ⟨⟩ Aprendiz	➡ Trabalho em grupo que permite melhorar a aptidão para o pensamento crítico e desenvolver a socialização. ➡ Os aprendizes acessam o conhecimento do grupo e participam da solução colaborativa de problemas. ➡ Os aprendizes ajudam um ao outro para construir um *website* para um programa instrucional.
Aprendiz ⟨⟩ Especialista / Convidado **ou** **Aprendiz ⟨⟩ Membro da Comunidade**	➡ Os aprendizes colaboram com os especialistas convidados na elaboração de projetos para adquirir conhecimento. ➡ Os aprendizes discutem situações da vida real com profissionais do mercado de trabalho ➡ Os aprendizes trabalham com membros da comunidade para solucionar problemas e compartilhar conhecimento.

Tabela 1.1 - Tipos de interação.

cAPíTuLo 1

Interações não-humanas	Tipos de atividades
Aprendiz ⟨⟩⟨⟩ Ferramentas	➡ Os aprendizes operam *software* (cópia de texto, transferência de arquivos, captura de imagens, desenho de fluxogramas, etc.). ➡ Os aprendizes manipulam o *software* (mudança de conteúdos, valores e/ou parâmetros para verificar, testar e ampliar a compreensão). ➡ Os aprendizes se comunicam usando *software* (fazendo discursos, trocando idéias, revisando o seu trabalho, fazendo perguntas e colaborando com os outros).
Aprendiz ⟨⟩⟨⟩ Conteúdo	➡ Os aprendizes estudam o conteúdo e ficam cientes de outras informações pertinentes na *Web*, nos livros e nos bancos de dados.
Aprendiz ⟨⟩⟨⟩ Ambiente	➡ Os aprendizes trabalham com simulações e recursos externos, ou seja, buscam informações complementares nas bibliotecas virtuais e nos *sites* que tenham material correlato ao curso.

Tabela 1.1 - Tipos de interação (continuação).

Para a maior parte dos grupos que recebem o ensino assíncrono e no qual se considera a interação um fator-chave, a sugestão é que os grupos tenham **no máximo 30 aprendizes por instrutor**.

Entretanto, se a decisão for de que a interação não seja tão importante para se atingir os objetivos do curso, evidentemente o tamanho da classe pode aumentar.

Contudo, é bom não esquecer que ao se aumentar o tamanho da sala virtual, deve-se dar uma grande atenção na forma como se fornece o conteúdo *versus* perícia do aprendiz em lidar com o mesmo praticamente sozinho.

Já nos cursos *online* ou em encontros de grupos para a discussão síncrona, a recomendação é limitar o número de aprendizes a **não mais de seis** por discussão.

Quanto maior for o grupo, maior será a diminuição tanto da oportunidade de participar quanto da qualidade global do que se discute.

O aprendizado baseado em equipes é uma excelente estratégia, que deve ser usada no aprendizado *online*, possibilitando criar oportunidades muito ricas para a formação de times para a solução criativa de problemas, desenvolvimento de projetos e debates.

Entretanto, o aprendizado fundamentado na constituição de uma equipe exige um número de integrantes reduzido (a recomendação, como foi dito: e não mais de **seis**) para ser verdadeiramente efetivo.

O professor deve também estar ciente das características e preferências dos integrantes da equipe e precisa desenvolver a confiança mútua entre eles.

Antes de optar pelo aprendizado em equipe como uma estratégia instrucional, o professor deve levar em conta se o aprendizado em equipe pode contribuir para os seus objetivos instrucionais; de que modo a estrutura de tempo estabelecida para o curso estimula ou possibilita a formação de times, e como se deve proceder para estabelecer um suporte adequado para a comunicação entre os membros do grupo.

Portanto, se o professor decidir que é importante usar o enfoque do aprendizado baseado no trabalho em equipe, deve fornecer um contexto que apoie de forma concreta o desenvolvimento tanto do conhecimento compartilhado como da confiança mútua.

Ao iniciar o curso é vital que já no primeiro encontro e nas apresentações dos participantes se estabeleça claramente o tom para tudo aquilo que virá pela frente.

Assim, o professor precisa criar fortes ligações, quer no campo pessoal quer no relativo ao curso, dentro do ambiente *online*.

Os participantes irão aprender de/e sobre cada um, através não apenas **do que** eles dizem, mas também de **como** eles dizem isto.

As relações formam-se dentro do grupo e também por uma comunicação bilateral que acontece por meio do envio de *e-mail* (correio eletrônico).

A comunicação *online* entre os participantes contribui enormemente para a obtenção de melhores resultados no curso.

Nesse sentido é muito bom que o professor estimule os aprendizes a desenvolverem comunidades de aprendizado.

Uma comunidade de aprendizado é um grupo de pessoas que se juntam para formar uma cultura do aprendizado em que cada uma está envolvida em um esforço coletivo de compreensão.

cAPÍTULO 1

As comunidades do aprendizado são comumente formadas em um ambiente *online* interativo quando um grupo de aprendizes as constitui a fim de expandir as suas habilidades e o conhecimento coletivo, colaborando dessa maneira para desenvolver as aptidões e o conhecimento individual.

Essas comunidades podem ser em geral mais formais, ou informais.

O professor que estiver usando o conceito de comunidade de aprendizado no seu curso *online*, não deve esquecer de encorajar os aprendizes a revelarem e compartilharem a sua perícia.

O instrutor também deve dar ênfase ao "aprender como aprender", criando os mecanismos que ajudem os participantes a repartir o que eles aprendem uns com os outros.

É muito importante que os participantes da comunidade definam claramente seus papéis como aprendizes e que articulem adequadamente seus processos de aprendizado, planos, metas e suposições.

Entre os exemplos de atividades que são pertinentes às comunidades do aprendizado devem-se destacar as seguintes: discussão de tópicos abordados na aula, pesquisa individual e grupal, projetos e apresentações em grupo e solução colaborativa de problemas.

Durante o processo de discussão, o conhecimento e as idéias são formulados e intercambiados enquanto o debate vai se processando e freqüentemente os aprendizes fornecem *feedback* uns aos outros sobre o que se está discutindo.

Felizmente, no aprendizado *online* os participantes irão aprender através do diálogo, respondendo a idéias e continuando as discussões sempre dentro de um clima de comentários concisos e cuidadosos.

Isto seria o ideal, não é?

Claro que sim!!!

Porém, para que não aconteçam problemas é vital que o professor passe para os seus aprendizes que eles **não devem criticar ou julgar as idéias** dos outros como sem valor ou tolas, só porque estas idéias possam ser um tanto quanto "diferentes".

O professor deve, isto sim, encorajar os aprendizes a refletir interativamente uns com os outros, sobre o conteúdo do curso.

Realmente algumas divergências podem surgir à medida que os aprendizes sentirem-se mais "confortáveis", ou seja, mais íntimos entre si e com a própria tecnologia.

Mas um pouco de conflito é até bom como ferramenta de aprendizado, e na maior parte das vezes os próprios aprendizes saberão como lidar com os "tumultos" que promoverem.

O que de forma alguma pode ocorrer no aprendizado *online* é o uso de uma conversa ofensiva ou inflamada demais entre alguns membros do grupo.

Aí é o momento de o professor intervir e impedir que esta forma de conversação prossiga!!!

O ambiente de aprendizado *online* exige estilo, uma preparação e um comportamento do professor bem diferentes daqueles que possui um competente mestre tradicional.

Na realidade, nas aulas face a face as paredes da sala definem praticamente o espaço dominante para uma discussão.

Já no ambiente *online*, contudo, o professor precisa definir este espaço para a discussão antes que as aulas se iniciem, delineando que tipos de interações serão usados e permitidos dentro do formato.

O aprendizado *online* exige – tanto do professor como dos aprendizes pressupostos diferentes, outro tipo de disciplina e uma forma muito diversa de gerenciamento do tempo.

É por isto que o professor precisa definir antecipadamente se o curso que estará dando tem foco no **processo** ou no **conteúdo**, para desenvolver corretamente a estrutura do mesmo.

Cursos *online* que têm foco no **processo** envolvem o desenvolvimento de etapas ou procedimentos para acelerar o aprendizado.

Já os cursos *online* que estão focados no **conteúdo** têm como finalidade auxiliar os aprendizes a compreender um assunto específico da matéria.

Ambos os enfoques podem usar a discussão, a pesquisa, além do compartilhamento de idéias ou recursos e projetos executados por grupos.

O professor, porém, pode até decidir antes sobre a estrutura e os objetivos do curso que irá ministrar, mas precisa ser suficientemente flexível dentro desse quadro, de tal forma que os aprendizes possam oferecer a sua colaboração e tenham espaço para negociar as suas reivindicações.

Ao ensinar *online*, o professor pode ter que desempenhar mais de um papel ou função, dependendo da estratégia instrucional que estiver usando.

CAPÍTULO 1

Isto ocorre com o papel de instrutor, pois ele terá que:

- Estabelecer metas para os seus alunos e usar *benchmarks* (comparações) para avaliar a sua evolução.
- Expressar as suas expectativas e exigir uma participação mínima dos aprendizes.
- Negociar normas com os estudantes.
- Ser acessível e não dominante na comunicação *online*.
- Portar-se como *coach* (técnico orientador ou preceptor) e *cheerleader* (animador).
- Habituar-se a aprender com os integrantes da turma.
- Reavaliar continuamente seus processos de apresentação dos vários assuntos, suas ideologias e sua ação de mentor.

REFLEXÃO – O QUE É UM *SITE* PESSOAL NA REDE?

Um *site* pessoal na *Web*, ou seja, na rede, consiste numa combinação visual de imagens, textos e sons que está disponível para ser visitada pelos usuários interessados no conteúdo.

O *site* pode ser composto por uma ou mais páginas.

A quantidade de páginas varia em função das necessidades requeridas para que o conteúdo planejado seja eficazmente disponibilizado.

A tradução literal do *site* para a língua portuguesa é sítio (ou instalação), porém, como estamos abordando termos dentro de uma realidade global, torna-se mais prático (como fizemos, aliás...) adotar o termo em inglês.

Para explicar tecnicamente o significado do que é *site*, precisamos encará-lo de quatro formas diferentes: o *site* mídia, o *site* físico, o *site* lógico e o *site* virtual.

O *site* mídia é o conjunto de características mercadológicas que garantem a eficiência atribuída ao *site* virtual a fim de atrair e manter o interesse e a atenção dos visitantes.

As quatro coisas que os *sites* de sucesso têm em comum são: fornecem um conteúdo que prende a atenção, têm alta incidência de visitantes, conhecem o perfil demográfico de seus visitantes e possuem publicidade dirigida oferecendo um significativo número de impressões garantidas.

O *site* físico é o lugar onde o *site* lógico está hospedado. *Site* lógico são os arquivos de imagens, sons, textos, e as próprias páginas codificadas.

Site virtual é a representação visual das páginas e seus conteúdos, de acordo com as especificações definidas no *site* mídia, contidas no *site* lógico e hospedadas no *site* físico.

Essa divisão facilita o entendimento da composição de um *site* e as etapas para o seu desenvolvimento.

Primeiramente cria-se o desenho do *site* com o seu conteúdo (*site* mídia) depois define-se o lugar onde os conteúdos e objetos digitais ficarão hospedados (*site* físico).

Definido isto, inicia-se a construção do *site* escrevendo as páginas, utilizando recursos de multimídia disponíveis em seu computador, como textos, imagens e sons (*site* lógico).

Como resultado final, vamos acessar o *site* e navegar dentro dele (*site* virtual).

Uma vez que você (professor ou aprendiz) já tenha consciência do conteúdo do seu *site* e elaborou seu plano, já está pronto para entender mais sobre o desenvolvimento do seu *site* e partir para a sua construção.

Para projetar *sites* na *Web* com êxito, é necessário aprender HTML e conhecer algo sobre formatos de arquivo de computador.

HTML é a *hypertext markup language*, ou seja, a linguagem de marcação de hipertexto usada para criar documentos na Internet.

A HTML não é difícil de aprender, e não tem segredo algum.

Em qualquer página que você, caro leitor, puder usar um navegador, como o Netscape ou o Internet Explorer, pode-se ver o código HTML que está por trás simplesmente pressionando uma ou duas teclas.

Uma das formas pelas quais algumas pessoas (principalmente os professores que desejam entrar na era do *e-learning*...) têm aprendido a linguagem é navegando na *Web*, e depois usando o navegador para observar as páginas que lhes agradam para ver o código subjacente usando um comando para editar o documento.

CAPÍTULO 1

Não é raro as pessoas simplesmente copiarem e modificarem páginas que lhes agradam, inserindo suas próprias figuras e texto no lugar de figuras e texto das páginas que copiam.

A HTML baseia-se em tecnologia disponível há muitos anos – tudo remonta a antes de o primeiro PC da IBM estar disponível no mercado –, por isso é confiável, embora um tanto maçante.

Existem também programas que permitem compor uma página Web sem conhecer HTML, como é o caso do Microsoft Front Page e do Macromedia Dreamweaver.

Mas aqueles que desenvolvem páginas Web dizem que esses programas são úteis para acelerar o desenvolvimento de páginas, mas aí chega-se a um ponto em que você precisa conhecer um pouco de HTML, ou recorrer a um esepecialista.

Todavia apesar de tudo isso, o desenvolvimento de *sites* na *Web*, em seu nível mais elementar, é tão fácil que quase todos podem fazê-lo.

Os aprendizes e os professores do ensino *online*, principalmente aqueles que quiserem ter o seu *site*, na hora da sua criação devem seguir as seguintes recomendações:

- **Preparar** um visual criativo, mas leve, para não cansar os olhos do visitante.
- **Descrever** as informações (o conteúdo) utilizando-se da informalidade.
- **Fazer** uma boa diagramação para evitar excesso de informações ou informações desnecessárias.
- **Caprichar** no *design* (desenhos) e nas cores.
- **Facilitar** o acesso aos visitantes que querem entrar em contato com você.
- **Organizar** os assuntos de seu conteúdo pessoal que deseja compartilhar, dispondo-os por meio de *hyperlinks*, que facilitam a localização das informações e garantem rapidez na navegação.
- **Realizar** vários testes antes de disponibilizar o seu *site* ao público, pedindo a alguns entendidos que simulem o acesso e as navegações para que você possa avaliar se está tudo correto.

Agora que você definiu o *design* do seu *site*, decidiu também como promovê-lo, está em condição de procurar um provedor de acesso para hospedá-lo na Internet.

cAPÍTULO 1

O termo "provedor de acesso" talvez deva ser trocado por *host,* isto é, aquela área de uma empresa que hospeda os conteúdos de um *site* mediante pagamento ou gratuitamente (quando se trata de uma área que permite a colocação de publicidade, como é o caso do Geocities da Yahoo!). O provedor de acesso é o fornecedor de serviço de conexão a Internet. Convém esclarecer que esse serviço compõe-se, na maioria dos casos, de duas partes: a linha telefônica, fornecida pela operadora local, sobre a qual são cobrados os pulsos de utilização (em alguns países esse tipo de cobrança não é feita quando se trata de acesso a Internet); a conexão mediada por um servidor que fornece, normalmente, uma ou mais conta de *e-mail* ou usuário e, eventualmente, um espaço limitado de hospedagem para seu *site.* Na maioria dos casos, o usuário que quiser ter seu domínio dentro da área de um provedor (por exemplo www.uol.com.br/robertocarlos que também pode ser simplesmente www.robertocarlos.com.br) tem de pagar ao servidor por esse endereço exclusivo bem como ter comprado este **domínio**. Nos acessos rápidos do tipo *Speedy, Virtua, etc.* pode-se dizer que a situação se comporta essencialmente da mesma forma.

Basicamente, escolher um provedor de acesso é uma questão de **velocidade, disponibilidade** e **suporte**.

Quando dizemos velocidade, estamos falando da rapidez com que os aprendizes ou outros visitantes podem acessar o *site* do professor.

Disponibilidade significa quanto tempo o *hardware* do provedor de acesso está em operação e quanto demora para fazer com que as coisas voltem a funcionar caso ocorra algum problema.

E suporte significa o que o provedor de acesso fará para você em termos de suporte técnico e para dar-lhe informações dos visitantes do seu *site.*

Para disponibilizar o seu *site,* você precisará de um endereço virtual próprio.

Para conseguir um, acesse, por exemplo, o *site* http://www.registro.br, mantido pela Fundação Amparo à Pesquisa do Estado de São Paulo.

Ali estão todos os endereços virtuais (também chamados de domínios) existentes.

Em alguns casos, os provedores de acesso – aos quais você paga para ter acesso à Internet – também dispõem de espaço para hospedagem gratuita (caso em que o assinante concorda em ter o nome do provedor incluído em seu endereço e que geralmente exige a inclusão de espaço para publicidade) ou paga (caso em que você usará seu próprio domínio).

cAPÍTuLo 1

Caso o nome que você escolheu para o seu *site* ainda não tenha sido escolhido por outra pessoa (ou empresa), você poderá cadastrá-lo em seu nome.

Fazer um registro de domínio significa garantir um endereço na rede para você, vale dizer, ter algo como www.nome.sobrenome.com.br, mas não o espaço para hospedá-lo.

Uma outra maneira bem simples de conseguir um domínio é utilizar os serviços de registro de domínios oferecidos pelos próprios provedores de acesso.

Portanto, um nome de domínio é um endereço na Internet, através do qual o *site* do professor (ou do aluno) é localizado, conectado e disponibilizado no computador do visitante.

Também é possível registrar domínios em serviços internacionais, com exigências burocráticas muito menores que no Brasil, mas sem o sufixo **.br**.

E há ainda a opção de provedores gratuitos, como Geocities, hpg, catar, Fortune City etc.

O nome do domínio geralmente é o nome de referência do *site,* e a proposta neste momento é que o professor do século XXI faça parte da rede, talvez usando inicialmente o seu próprio nome.

Caso você tenha nome e sobrenome muito comuns, poderá elaborar uma combinação com partes deles que o(a) caracterize e que seja mais fácil de ser memorizada pelos visitantes.

É imprescindível que o professor e os aprendizes tenham o registro do nome de seu domínio em seu nome caso queiram ter autonomia sobre ele.

Você poderá registrá-lo logo que o planejamento do desenvolvimento do *site* estiver pronto e antes de iniciar a construção do *site*.

Para que o seu *site* seja localizado com mais facilidade, é conveniente cadastrá-lo nos serviços dos *sites* de busca http://www.cade.com.br, http://www.yahoo.com.br, entre outros.

Sites como o Yahoo! oferecem, através de uma área específica (nesse caso, o Geocities) a possibilidade de um espaço limitado de hospedagem gratuita. Sentindo o impacto do *e-learning* o Yahoo! tem experimentado – ainda em inglês e somente nos EUA, mas acessível pela Internet – um tipo especial de comunidade, o Yahoo Education (http://education.yahoo.com/), cuja configuração é destinada especificamente a cursos *online*.

Outro *site* usado para hospedagem gratuita é o http://www.hpg.com.br.

O processo de cadastramento nestes *sites* de busca, além de fácil, é gratuito.

Colocar um *site* no ar é parecido com colocar um programa seu no ar, na televisão.

Uma vez no ar, o *site*, principalmente de um professor, poderá ser "assistido" ininterruptamente por toda a comunidade ligada à Internet, e particularmente pelos alunos, em tópicos aos quais terão acesso com algum tipo de permissão.

Porém, para que isto aconteça ele precisa ser divulgado, e o que auxilia muito é ele ter bom conteúdo, ou seja, o visitante agregar valor para si toda vez que entrar no mesmo.

A rede realmente funciona como uma vitrine, sendo capaz de levar dados e informações dos professores e dos aprendizes a outras pessoas do mundo, tanto nas residências quanto nos locais de trabalho, caso o acesso seja feito por computador ou televisão, ou em qualquer lugar onde elas estejam, se o acesso for por meio de telefone celular.

Ter um *site* que auxilie a divulgar cursos *online* ou participar de *e-learning* permitirá também outras coisas inesperadas, como, por exemplo, ser visitado por um político importante, por um astro do esporte, por uma artista famosa, por educadores concorrentes, por responsáveis dos setores de recursos humanos das empresas ou por qualquer pessoa deste mundo!!!

Colocar o seu conteúdo pessoal no ar significa, no caso de um professor, oferecer a sua cultura, a sua sabedoria, a sua forma de entender o mundo, e inclusive a sua riqueza pessoal.

Naturalmente, os professores e os aprendizes valem-se dessa condição para acessar o conteúdo pessoal de alguém que jamais se pensou em conhecer, e descobrir "coisas" incríveis que podem abrir excelentes oportunidades para cada um(a) deles(as).

Portanto, cada conteúdo pessoal colocado na *Web* é uma janela que possibilita conhecer de uma forma inédita e muito atrativa como as outras pessoas vivenciam o mundo!!!

CAPÍTULO 1

OBSERVAÇÃO IMPORTANTE – A INTERATIVIDADE

O termo **interatividade**, no dicionário Houaiss da língua portuguesa, está definido como a "capacidade de um sistema de comunicação ou equipamento de possibilitar interação", ou como o "ato ou faculdade de diálogo intercambiável entre o usuário de um sistema e a máquina, mediante um terminal equipado de tela de visualização".

Já a terceira e quarta definições de **interação** são respectivamente: "atividade ou trabalho compartilhado, em que existem trocas e influências recíprocas", e "comunicação entre pessoas que convivem".

O termo **interatividade** ganhou notoriedade entre os "infonautas" no início da década de 80 que com ele buscaram expressar a novidade comunicacional de que o microcomputador "conversacional" é um marco paradigmático, diferente da televisão monológica e emissora.

Claro que a transição dos antigos computadores pessoais – "movidos" por complicadas linguagens de acesso alfanuméricas – para os atuais, onde se "clica" com o *mouse*, e como num lance de mágica abrem-se inúmeras "janelas", móveis "em cascata" na tela do monitor, possibilitando ao usuário lidar de maneira muito simples com as informações, seguramente foi determinante para a tamanha popularidade que alcançou o termo interatividade.

O desenvolvimento técnico que assegura esse salto qualitativo no campo da informática permite o processamento da informação e da comunicação como **hipertexto**, isto é, como uma teia de conexões de um texto com inúmeros outros textos.

Efetivamente o microcomputador possui uma arquitetura toda especial, uma estrutura múltipla e combinatória que possibilita que sejam efetuados processos contínuos de associações não-lineares e um elevado número de interferências e de modificações lineares.

A idéia de hipertexto foi de fato enunciada pela primeira vez por Vannevar Bush em 1945.

CAPÍTULO 1

Este matemático imaginava um sistema de organização de informações que funcionasse de modo semelhante ao sistema de raciocínio humano: **associativo, não-linear, intuitivo, muito imediato**.

Mas só nos anos 60 é que Theodore Nelson criou o termo **hipertexto** para exprimir o funcionamento da memória do computador.

Hipertexto, em termos bastante simplificados, pode ser explicado da seguinte forma: todo texto, desde a invenção da escrita, foi pensado e praticado como um dispositivo linear, como sucessão retilínea de caracteres apoiada num suporte plano.

Já a idéia de **hipertexto** é a de aproveitar a arquitetura não-linear da memória do computador para poder utilizar a sua estrutura dinâmica, permitindo manipular a escrita múltipla que existe na mesma tela do monitor através de "janelas" (*windows*) paralelas, que se pode ir abrindo sempre que necessário, e também através dos *links* (elos) que ligam determinadas palavras-chave de um texto a outros disponíveis na memória.

Hoje em dia, clicando ícones, o usuário pode saltar de uma "janela" para outra e transitar aleatoriamente por fotos, sons, vídeos, textos, gráficos, etc., armazenados na memória do computador.

E em rede (Internet), a disposição de processamento hipertextual do computador permite ao usuário (o aprendiz) múltiplas recorrências e navegações; possibilita a ele (ela) selecionar, receber, tratar e enviar qualquer tipo de informação, desde o seu terminal, para qualquer outro ponto da rede; libera o adentramento em bancos de dados como exploração não-seqüencial, como percurso livre e como agenciamentos na base de conexões múltiplas.

O hipertexto apresenta-se, pois, como um novo paradigma tecnológico que libera o estudante da lógica unívoca.

Por seu turno, o sociólogo e doutor em educação Marco Silva, no seu livro *Sala de Aula Interativa* (Quartet Editora & Comunicação Ltda.) diz: "Sala de aula interativa é um ambiente em que o professor interrompe a tradição do **falar/ditar**, deixando de identificar-se com o **contador de histórias**, e adota uma postura semelhante à do *designer* de *software* interativo.

Ele constrói um conjunto de territórios a serem explorados pelos alunos e disponibiliza co-autoria e múltiplas conexões, conduzindo o aluno ao esquema **faça por si mesmo**.

Isto significa muito mais do que ser um conselheiro, uma ponte entre a informação e a compreensão, e passa a ser um estimulador de curiosidade e

CAPÍTULO 1

fonte de 'dicas' para que o aprendiz, num aprendizado *online* viaje sozinho no conhecimento obtido em textos colocados na rede.

Dessa maneira, o aluno deixa de ser um espectador passivo e torna-se o ator situado num jogo de preferências, de opções e de estratégias, podendo além de receptor ser também o emissor no processo de intercompreensão.

E com isto a educação, ela própria, tende a deixar de ser um produto para se tornar um processo de troca de ações que cria conhecimento e não apenas reproduz."

A interatividade deve ser entendida a partir dos seguintes fundamentos:
1. O professor (emissor) pressupõe a participação – intervenção do estudante (receptor), sendo que participar é muito mais do que responder "sim" ou "não"; é muito mais que escolher uma opção dada. Participar é modificar, é interferir na mensagem.
2. Comunicar pressupõe recursão da emissão e recepção: a comunicação é produção conjunta da emissão e da recepção; o emissor é receptor em potencial e o receptor é emissor em potencial; os dois pólos codificam e decodificam.
3. O emissor disponibiliza a possibilidade de usar várias redes articulatórias: não propõe uma mensagem fechada, ao contrário, oferece informações em redes de conexões permitindo ao receptor ampla liberdade de associações e de significados.

Fica claro, portanto, que comunicação e conhecimento são o espírito do novo tempo no século XXI, e como tal, têm onipresença garantida e a interatividade resultante permite um novo tipo de socialização.

1.6 – O QUE O PROFESSOR DEVE ESPERAR DOS APRENDIZES

Todo professor tem as suas próprias suposições sobre o que vem a ser um aprendiz.

Num curso *online* interativo, entretanto, o papel do aprendiz torna-se mais complexo e mais ativo.

"Ah, só mais uma coisinha. Para de me mandar *e-mail*!"

Assim, cabe ao professor, antes de planejar o seu curso *online*, clarificar as suas próprias expectativas sobre os papéis dos aprendizes e sobre as suas contribuições.

Uma das grandes vantagens do aprendizado *online*, especialmente no assíncrono, é que não existe nenhuma competição pelo tempo de se "mostrar" ou poder fazer alguma pergunta ao professor, como ocorre nos cursos presenciais tradicionais.

Cada aprendiz pode expor ou contribuir com as suas idéias em ritmo extremamente confortável.

Alguns aprendizes sentem-se mais confortáveis na comunicação verbal, outros fazem isto melhor escrevendo.

Cabe ao professor discutir e descobrir essas preferências no início do curso e evidenciar as suas expectativas de participação dos aprendizes.

O que o professor espera efetivamente é não ter alunos passivos e cuja "presença" seja fácil de perceber pela sua falta de participação.

Em um ambiente completamente *online*, os participantes experimentam um processo de aprendizado sem igual.

E o professor deve usar essa "nova experiência" como uma poderosa ferramenta de ensino.

Cada participante que experimenta a educação *online*, de uma maneira ou de outra vem com algum conhecimento de como se ensina e se aprende na escola tradicional.

Além disso, cada indivíduo traz para a sala de aula um amplo cabedal de outros conhecimentos principalmente se for um aprendiz adulto.

É vital que o professor e os próprios aprendizes tenham oportunidade para reconhecer e valorizar o conhecimento global que cada um possui e procurem conectar o mesmo com o novo aprendizado.

Assim, por exemplo, os aprendizes que estão mais familiarizados com alguma tecnologia da informática, com algum *software*, podem auxiliar os iniciantes em algumas questões de como aplicam os conhecimentos ou ajudar a resolver os seus problemas.

Ou ainda, as pessoas que já tenham uma certa experiência no assunto que está sendo ensinado podem compartilhar o seu conhecimento com os colegas do grupo.

cAPÍTULO 1

Ao se engajarem na discussão não somente do **conteúdo** do curso, mas também do **processo** como o curso é oferecido, os aprendizes e o professor desenvolvem fortes laços que lhes permitem repartir e passar o seu conhecimento enquanto estão aprendendo coisas novas.

O professor deve esperar que os aprendizes *online* se automotivem para aprender e tenham autocontrole sobre si mesmos.

O aprendizado *online* realmente enfatiza a responsabilidade do aprendiz mesmo em cursos fortemente centrados no professor.

Ademais os aprendizes precisam estar aptos a estabelecer o seu próprio cronograma e cumpri-lo; organizar o seu tempo de estudo de forma eficaz para incorporar dentro dele leitura de textos e participação de discussões *online* e principalmente fazer todas as tarefas atribuídas no curso dentro dos prazos estabelecidos (ou sugeridos) pelo professor.

Cabe naturalmente ao professor a responsabilidade de tornar os aprendizes conscientes dessas expectativas através de várias formas sutis, tais como:

- Dando aos aprendizes um teste rápido para avaliar a sua prontidão para o estudo *online*.
- Discutindo e explicando todas as exigências que devem ser cumpridas no aprendizado *online*, para ser bem-sucedido logo no início do curso.
- Pedindo aos estudantes para criar e repassar ao professor os seus calendários ou os horários comprometidos para o aprendizado, mostrando claramente quando eles programaram atividades ligadas ao curso.

Não há dúvida que essas atribuições e essas atividades programadas ajudarão muito os estudantes a considerar a sua automotivação e o seu autocomando como elementos fundamentais para a eficácia do aprendizado *online*.

Isto tudo conduz à conclusão de que no ambiente *online*, mais do que em outras situações, quem não souber gerenciar bem o próprio tempo terá um obstáculo muito grande.

Os cursos *online* desenvolvem-se em alta velocidade e exigem auto-disciplina de cada aprendiz.

As interações são onipresentes mas nunca imediatas.

A discussão *online* está sempre lá na tela à medida que alguém faz um *click*, porém o tempo de resposta tem uma duração aleatória ou imprevisível.

Tanto o professor como os aprendizes perceberão logo nos primeiros dias do curso que devem participar de trabalhos da classe todo dia com o intuito de permanecerem conectados.

Às vezes, o ambiente *online* pode se tornar opressivo e esmagador em termos do número de comentários com os quais se deve lidar e pelo fato de que o processo está sempre avançando.

É por isto que, tanto os aprendizes como o professor se beneficiarão se estabelecerem no início do curso uma programação bem clara com as datas finais para o término de tarefas, e ficarem "presos" às mesmas.

Todo professor que conseguir conscientizar e ajudar os seus aprendizes a gerenciarem bem o seu tempo para estudar *online*, dará um passo importante para o sucesso do seu trabalho.

À primeira vista pode parecer que os cursos *online* são mais fáceis de desenvolver, pois o professor pode inclusive trabalhar na sua própria casa, no horário que desejar ou em outro lugar qualquer.

Porém, à medida que os participantes do curso *online* forem percebendo que eles podem e devem resolver as suas dúvidas com o professor, então começam a comunicar-se com ele o tempo todo e aí o mestre precisa responder e participar do estudo dos alunos por muito mais tempo do que na atividade tradicional numa sala de aula face a face.

Por seu turno, ao se inscreverem num curso *online* interativo, os participantes precisam estar prontos para aprender por si sós e persistir nesse objetivos, usando no início uma tecnologia não muito familiar, como também desconhecendo o assunto que está sendo cobrado.

Claro que o aprendizado *online* é bastante diferente do ensino presencial, no qual o professor fica pajeando muito mais os estudantes.

No ensino *online* é preciso estar muito mais atento e saber se autocomandar para entender sozinho os conceitos e conhecimentos novos que vão sendo adquiridos.

Contudo, no aprendizado *online* a nova informação permanece circulando mais tempo entre os participantes, porquanto eles ficarão habituados também a discuti-la em grupo e não apenas se restrigirem à sua leitura.

Lamentavelmente, muitos problemas podem ocorrer de modo inesperado numa aula *online*, e entre eles têm-se: problemas com o servidor, o compu-

cAPÍTULO 1

tador do aprendiz não funciona, um certo documento acidentalmente é apagado, etc.

Espera-se, pois, que os próprios aprendizes adquiram competências que lhes possibilitem resolver muitas dessas dificuldades.

Claro que, além disso, eles devem ter um *help desk* (plantão de auxílio para tirar dúvidas e resolver problemas) 24 horas por dia, sete dias por semana (esquema 24/7), principalmente para problemas de tecnologia.

É necessário também que os aprendizes possam chegar ao professor de múltiplas maneiras, isto é: por mensagem sonora, por *e-mail*, por *fax*, etc.

O professor nunca pode esquecer que os aprendizes estão na aula no esquema 24/7, portanto ele deve estabelecer um plano de emergência para poder resolver problemas complicados, ao qual os alunos possam recorrer principalmente nos fins de semana.

O professor tem a responsabilidade de transformar-se em um excelente animador virtual que estimule os seus alunos a contribuírem o mais que puderem com o ensino.

O professor, no início, precisa exigir que cada estudante seu envie-lhe um certo número mínimo de comunicados por semana.

Naturalmente essas contribuições podem variar em estilo e em qualidade.

Desse modo, quando essas contribuições forem para as discussões sobre a aula, tanto o professor como os aprendizes estarão trocando idéias em forma de perguntas e respostas concisas e significativas no lugar de se comunicarem com respostas que se resumam em poucas palavras.

Com o intuito de se aproveitar mais o material do curso e das interações, os participantes deveriam enviar comunicados expressando algum raciocínio crítico sobre o assunto estudado.

Como cada aprendiz tem um papel importante nessas discussões, e desde que você – **professor** – esteja também engajado como um aprendiz, os participantes não vão dirigir os seus comentários apenas ao mestre mas também aos seus colegas de classe virtual.

Este enfoque abre caminho para que todo aprendiz seja incluído na discussão e que as contribuições de todos sejam valorizadas.

Claro que se alguns participantes quiserem receber a resposta de alguma pessoa específica, eles poderão endereçar seus comentários para um indivíduo particularmente.

Se, por outro lado, os participantes preferirem dirigir a pergunta a todos de maneira genérica, basta simplesmente dizer: "Alô, cada um de vocês!!!"

Os participantes devem sempre ser muito respeitosos com as idéias dos outros, porém também devem sentir-se livres e desinibidos para expressar suas opiniões, que podem ser bem diversas das dos outros colegas.

Os aprendizes nos cursos *online* têm enormes oportunidades para se transformarem em "professor", ajudando os colegas a resolver seus problemas com algum *software* que já conhecem, ou eliminando algumas dificuldades provenientes da tecnologia, ou então elaborando e comunicando as suas próprias idéias sobre a importância de algum assunto apresentado na aula.

Isto é muito bom, pois cria um desafio para os aprendizes que sabem que podem aprender com os outros, bem como ensinar também aos outros.

É essencial, pois, que o professor crie condições durante o curso para que cada estudante possa evidenciar as suas "capacidades especiais" e compartilhá-las com os demais alunos.

O aprendizado *online* impõe uma dinâmica diferente, devido à falta da presença física de cada pessoa.

A linguagem escrita pode às vezes ser interpretada inadequadamente e provocar um certo grau de desconforto entre os membros de uma comunidade *online*.

É por isso que os participantes devem sempre que possível manter um nível de muito respeito e tolerância com as idéias e as experiências expressas pelos outros.

Num curso *online*, os materiais da aula geralmente aparecem na forma de páginas de texto na *Web*, tutoriais, conexões a algum arquivo, simulações ou recursos diversos (vídeo, áudio, etc.).

Às vezes, a quantidade de material que precisa ser lido e estudado parece demasiadamente "esmagadora".

Cabe ao professor estar sempre avaliando se a quantidade de informações enviada aos aprendizes não os deixará estressados e que eles realmente consigam tempo para pensar de forma não apressada, mantendo-se no passo adequado para acompanhar a evolução do curso.

Como a classe *online* é sempre acessível, as novas idéias e novos assuntos surgem rapidamente.

CAPÍTULO 1

É por isso que quando os aprendizes fazem uma declaração e/ou um questionamento ao professor ou aos colegas, eles devem sempre submetê-los antes a uma apreciação prévia, a fim de ver em que classe de discussão eles se enquadram para não provocar tumultos.

Para que as interações se tornem mais significativas, é bastante conveniente que tanto o professor como os aprendizes façam conexões entre os vários comunicados que um envia ao outro.

É evidente que cabe ao professor introduzir esta metodologia, e aí os aprendizes o seguirão...

O professor nunca deve deixar de receber um contínuo *feedback* dos seus estudantes sobre como é possível melhorar o processo de ensino.

Todos os aprendizes num curso *online* interativo podem em certos momentos desempenhar o papel de líderes.

Este é um papel muito importante, e o professor deve desenhar o seu curso de tal forma que todos os aprendizes tenham essa oportunidade, ou seja, de num certo ponto cada aprendiz poder transformar-se em facilitador para o projeto no qual está envolvido num grupo, ou ser mentor para algumas pessoas no tocante ao uso de algum *software,* ou ainda ser o coordenador de uma discussão em grupo.

Ao agirem em alguns momentos do curso como líderes, os aprendizes passam a se sentirem em proprietários do curso e se ligam mais na importância do que está sendo ensinado.

Na sala de aula face a face, os aprendizes podem sintonizar-se com uma aula ou discussão do jeito que quiserem.

Já no ambiente *online*, os aprendizes precisam ler com toda atenção todos os comunicados que recebem dos outros e "ouvir" o que está sendo dito.

Como na maior parte do tempo as interações ocorrem na forma de palavras escritas, os aprendizes podem voltar e reler os comentários feitos sobre um certo tópico.

Assim os aprendizes não ouvem apenas o barulho natural de uma sala de aula tradicional e muitas palavras inúteis, pois no aprendizado *online* eles precisam se concentrar, estar focados continuamente no que os seus colegas escrevem e processar as idéias que estão sendo compartilhadas.

O que o professor de um curso *online* deve, então, esperar e conseguir, é que os aprendizes passem a gostar de se comunicar com os colegas e não apenas com ele.

52

CAPÍTULO 1

Realmente, o verdadeiro curso *online* interativo é aquele no qual existe uma grande colaboração entre o professor e seus alunos.

Assim, cabe a cada participante construir o seu próprio conhecimento e compartilhá-lo (ou pelo menos parte dele...) com os colegas.

Para ajudar os aprendizes a construir relacionamentos corteses e tolerantes, uns com os outros, o professor precisa continuamente encorajar que os mesmos enviem seus comentários e idéias para os outros e não apenas para ele.

Ao enfocar a participação dessa maneira, sem dúvida o professor fará cada participante sentir-se estimulado e com vontade não só de enviar, como também de responder ou contestar algum ponto de vista ou idéia expressa por um colega.

Dessa maneira, o professor libera a si mesmo de ser o único responsável pela manutenção contínua da discussão ou debate aliás, um desafio **difícil** de ser cumprido por uma só pessoa no ambiente *online*.

A tecnologia, entretanto, não trabalha sozinha, e às vezes o aprendiz pode ter problemas, sem que o professor consiga notar isso. Espera-se neste caso que os aprendizes sejam proativos e entrem eles mesmos em contato com o professor, evidenciando desta maneira a importância da comunicação sempre aberta com o instrutor.

Os aprendizes precisam recorrer imediatamente ao professor se não estão compreendendo o que fazer com a tecnologia, ou se não sabem realmente como fazer algum exercício ou tarefa atribuída.

O aprendizado acontece em muitos níveis nas aulas *online*, por isso mesmo os aprendizes não devem restringir-se a executar apenas as tarefas atribuídas e os "produtos" distribuídos no curso.

Eles devem dar uma grande atenção, por exemplo, ao processo segundo o qual ocorrem os debates *online*.

Manter-se sempre a par do fluxo contínuo das discussões *online* ajuda, a cada um dos participantes, a ficar sempre ligado no curso e no que estão pensando e fazendo os seus colegas, o que comumente é bem difícil de saber num curso tradicional.

Finalmente, para fechar este capítulo no qual falamos sobre expectativas tanto do professor como dos aprendizes, toda vez que alguém estiver trabalhando com essa tecnologia nunca poderá garantir que sempre conseguirá fazer com ela o que quiser.

CAPÍTULO 1

Dessa forma, em especial o professor, ao construir o seu curso, deve agregar a opção de um plano de contingência e repassar obviamente isto aos aprendizes antes de o curso começar.

A maior parte das IEs sempre coloca à disposição dos alunos alguma linha telefônica como um apoio técnico para poder se comunicar com o instrutor, caso surja algum problema com a Internet.

É importante também que os aprendizes tenham algum endereço alternativo para chegar ao instrutor através de um *e-mail* diferente, de um número de telefone celular ou talvez até de algum número de *fax*.

E para o professor o conselho é o seguinte: teste a tecnologia freqüentemente, tenha sempre um arquivo de reserva (*back up*) e principalmente, tenha bons amigos no grupo de pessoas de apoio técnico para a informática, que trabalhem na sua IE.

REFLEXÃO – *E-MAIL* CHEGA AOS 30 ANOS!!!

Não foi invenção causal ou fruto de serendipidade, porém o impacto que o *e-mail* (correio eletrônico) provocou no mundo todo foi surpreendente.

Em 1972, Ray Tomlinson, um cientista de computação da Bolt, Beraneck & Newman (BBN), empresa de engenharia de Cambridge, no Estado de Massachusetts, sentou-se na frente de seu computador e escreveu um programa relativamente simples, que possibilitou que as mensagens eletrônicas viajassem de uma máquina à outra.

O que parecia um gesto mecânico acabou influenciando o comportamento de centenas de milhões de pessoas.

É difícil, atualmente, imaginar a vida sem ele.

Segundo a International Data Corporation (IDC), atualmente quase 10 bilhões de *e-mails* são enviados todos os dias no mundo.

Pois é, o correio eletrônico transformou-se em uma das principais ferramentas de comunicação nas empresas; é o meio de ligação que mantém unidas famílias espalhadas pelo mundo afora; e uma maneira vital para que os aprendizes se comuniquem entre si e com o professor nos cursos *online*.

O *e-mail* tornou-se uma forma pela qual os seres humanos usam os computadores – para organizar grupos de discussão, mandar artigos de jornais e revistas, confirmar compras, enviar atualização de páginas da Internet ou jogar xadrez, transformando-se em um ambiente de informações todo pessoal.

A bem da verdade, a pequena invenção inteligente de Ray Tomlinson não foi propriamente o começo do *e-mail*, pois este já existia nos anos 60, quando os cientistas de computação enviavam *e-mails* dentro dos sistemas compartilhados – um computador com terminais múltiplos.

A princípio, o que Ray Tomlinson buscou foi uma maneira de destacar a separação entre o nome do usuário do nome da máquina em que o usuário estava.

Seus olhos brilharam sobre o símbolo @.

E assim, sem perceber, imediatamente estava criando um ícone para o mundo conectado: foi esse o símbolo que ele escolheu.

Durante os anos 70, o uso da correspondência na rede não cresceu exponencialmente, mas de modo gradativo.

A rede mundial começou como uma ferramenta para a pesquisa sobre as redes de computador, e o *e-mail* foi o seu equivalente ao memorando que circula nos escritórios das empresas.

No início as pessoas usaram o *e-mail* para se distrair.

Por isso, uma das primeiras listas de endereços chamou-se SF-Lovers, e era constituída de fãs de ficção científica.

Os usuários de rede, tipicamente estudantes universitários, começaram a recorrer ao correio eletrônico para trocar informações.

Com atividade deste tipo, o uso do *e-mail* caminhava para uma explosão, e algumas pessoas tentavam torná-lo mais prático, pois enquanto enviar mensagens era tarefa simples, ler os *e-mails* ou respondê-los era complicado e irritante!!!

Já em 1972, Lawrence Roberts, que na época era diretor do Serviço de Técnicas de Processamento de Informações da Divisão de Projetos de Pesquisa Avançada dos EUA, resolveu esse problema graças às reclamações do seu chefe quanto a volume de *e-mails* em sua caixa de entrada, produzindo o primeiro gerenciador de *e-mails*, chamado de RD, que dispunha de um sistema de arquivamento, bem como da função "deletar".

Daí para a frente, o surgimento de melhorias para se lidar com o *e-mail* foi contínuo.

CAPÍTULO 1

Entretanto, só nos meados da década de 90 com o advento da *Web* e a abertura da Internet ao tráfego comercial, foi que a própria rede se tornou amplamente acessível ao grande público.

Mas, apesar de tudo que já foi feito para tornar o *e-mail* um instrumento de massa, ele sempre sofreu de tecnocentrismo, ou seja, ele é ainda produto da cultura do tecnólogo em computação.

O lado ruim é que o *e-mail* está cada vez mais suscetível a vírus.

Porém mesmo assim, todos os vírus e *spams* somados não impedirão que o *e-mail* se mantenha como o instrumento de uma das mais essenciais necessidades e tendências humanas – **o anseio de se comunicar.**

OBSERVAÇÃO IMPORTANTE – DESENVOLVIMENTO DO *E-LEARNING*

Todo aquele que resolve ou decide implementar o aprendizado *online* no lugar do tradicional ensino presencial, costuma fazer a si mesmo ou a algum especialista em *e-learning* a seguinte pergunta:

Quantas horas de tempo de desenvolvimento são necessárias para constituir uma hora de *e-learning*?

Esta não é uma dúvida fútil ou uma pergunta tola.

Claro que se deve saber, ou ao menos prever, o tempo e o custo de desenvolvimento de uma unidade de tempo (hora) de um curso *online*.

Mas geralmente é muito difícil responder a isso de forma exata, e o melhor meio é começar com um "depende...".

Na realidade, esta hora de *e-learning* depende da:

- experiência dos desenvolvedores;
- disponibilidade de recursos (talento e dinheiro);
- complexidade do aprendizado proposto e da quantidade de multimídia usada;
- natureza do conteúdo e da sofisticação da programação;
- qualidade de gerenciamento e do grau de resistência contra a nova forma de aprender; etc.

Em outras palavras, cada projeto de curso é diferente do outro e, conseqüentemente, o melhor que o professor ou quem estiver planejando um curso pode fazer é realizar suposições razoáveis, com base em trabalhos anteriores e no específico aprendizado que se quer produzir.

Na FAAP, alguns dos professores (que já estruturam os seus cursos de e-*learning* com recursos modestos) afirmam que em média têm levado **oito horas para desenvolver uma hora de curso**.

Contudo isto é não é uma regra fixa, e depende muito de todas as outras coisas que já foram ditas.

Entretanto, na realidade, o importante não é se concentrar no tempo que será necessário para fazer alguma apresentação instrucional *online*, mas sim se o curso de *e-learning* que a IES (ou a empresa) está produzindo agrega valor para os aprendizes.

E por valor no aprendizado *online,* deve-se entender a soma de sua habilidade em economizar dinheiro do aprendiz (**eficiência de custo**), de estar disponível para o estudante em qualquer lugar (**serviço**), melhorar o desempenho do aluno (**qualidade**) e permitir que o conhecimento seja adquirido o mais depressa (**velocidade**) possível.

CAPÍTULO 2
MITOS E RESTRIÇÕES DO ENSINO E APRENDIZADO *ONLINE*

2.1 – MITOS NO ENSINO E APRENDIZADO *ONLINE*

Realmente o ensino e o aprendizado *online* são campos em intenso crescimento, mas com **muitas concepções erradas**.

"Isso começou depois que George se inscreveu num curso *online*. As provas deixam ele enjoado."

Neste parágrafo serão discutidos os mitos mais comuns.

Mito nº 1 – Os aprendizes são incapazes de se adaptar ao ambiente *online*.

Atualmente existem muitos estudos sobre os estilos de aprendizado e seguramente o mais famoso é o desenvolvido por Howard Gardner, que publicou em 1993 o livro *The Theory of Multiple Intelligences*, no qual analisa as várias maneiras segundo as quais as pessoas aprendem, os seu múltiplos sentidos e as várias inteligências que cada um possui.

Embora a preferência por um específico estilo de aprendizado possa ser mais forte numa pessoa, a maior parte dos indivíduos pode aprender de várias formas.

No ambiente *online*, os aprendizes, por enquanto, assimilam a maior parte do conteúdo através da leitura e da escrita.

cAPíTuLo 2

Claro que o professor pode estimular que alguns dos aprendizes leiam os comentários de uma sessão de debates em voz alta para ter algum estímulo auditivo.

Ou ainda, podem-se acrescentar ao curso *links* ou referências com arquivos de áudio e vídeo, de maneira que os aprendizes tenham a oportunidade de estimular os seus sentidos múltiplos.

Mito nº 2 – O professor tem que saber como se deve fazer todas as coisas.

Ensinar no ambiente *online* deve ser um esforço de equipe.

Como já foi dito no Capítulo 1 o professor provavelmente terá de recorrer a especialistas em tecnologia, *designers* instrucionais e a muitas outras pessoas para ajudá-lo a desenvolver e implementar o seu curso.

Freqüentemente existe uma equipe trabalhando num curso *online*, e assim, o professor está sempre sendo compelido a refletir sobre a maneira como apresentá-lo, no sentido de melhorá-lo constantemente.

Mito nº 3 – As exigências de disponibilidade de tempo para os professores que trabalham no ambiente *online* são menores.

Muitos "enxergam" o ensino *online* como uma forma rápida de transmitir o conteúdo para os aprendizes.

Aliás, muitos professores, num primeiro momento, acham que o ensino *online* vai lhes economizar tempo, principalmente porque não vão mais precisar repetir as explicações.

Infelizmente este não é o caso!!!

Como já foi dito anteriormente, os cursos *online* interativos funcionam no esquema 24/7 (todos os dias da semana, 24 horas por dia).

Além disso, as tarefas de criar uma nova estrutura de curso e repensar em todo o programa para adaptá-lo ao ambiente *online* (com ou sem a ajuda da equipe de *design*) irão consumir muito tempo e são bastante desafiadoras, visto que não é tão simples assim fazer essa transformação.

Mito nº 4 – As aulas *online* não contribuem para aumentar as atividades em grupo e uma interação maior entre os estudantes.

A possibilidade de ocorrer uma interação maior ou menor entre o grupo de estudantes no aprendizado *online* depende muito do *software* que se está usando e do modelo educacional escolhido.

No modelo que apresentamos neste livro é vital que aconteça a interação grupal para que ocorra de fato o aprendizado.

Os *softwares* que permitem o desenvolvimento de reuniões oferecem muitas oportunidades para a interação nos mais diversos ajustes grupais que o professor determinar e/ou negociar com os seus alunos.

Estes espaços organizados para permitir ou promover a interação de pessoas podem ser para debater o processo de ensino, para uma socialização informal dos participantes do curso, para comunicações "fora da sala", para se ligar ao *help desk* a fim de resolver problemas técnicos etc.

Mito nº 5 – As salas *online* não são tão sociais como as salas face a face.

De um modo geral pode-se dizer que as salas de aula são simplesmente espaços organizados de maneira especial para possibilitar o aprendizado a uma comunidade de pessoas cujos objetivos de aprendizado sejam similares.

O grau e a natureza da interação que ocorre entre os participantes de uma sala de aula presencial variam enormemente, e o mesmo é verdadeiro nas salas virtuais (*online*).

Os cursos *online* podem realmente ser muito solitários para alguns participantes, ou então extremamente sociais e interativos.

O professor é o grande responsável pela criação dos tipos de espaço que os aprendizes necessitam e querem, e por sentir as expectativas dos seus alunos.

Ele precisa também medir quanto a interação social é importante para os participantes.

Constatada a sua enorme importância, deve usar uma variedade de técnicas para possibilitar a maior interação possível entre os aprendizes.

Um fenômeno interessante que todo leitor deste livro deve reter em mente é que: a maioria dos aprendizes *online* que já terminaram os seus cursos têm dito que acaba conhecendo mais profundamente os seus colegas do curso *online*, do que os seus colegas nos cursos presenciais dos quais participaram anteriormente.

Mito nº 6 – O número de aprendizes nas classes *online* pode ser ilimitado.

Muitas pessoas acreditam que um dos grandes benefícios da educação *online* é que um único instrutor pode trabalhar com um grande número de aprendizes, muito maior que aquele para o qual se leciona nas classes de aula face a face, sem com isto afetar a qualidade da experiência do aprendizado, diminuir o conteúdo que é ensinado ou influenciar no grau de satisfação do aprendiz.

CAPÍTULO 2

Contudo, um aprendizado *online* construído de tal forma que se privilegie o aspecto social demanda bastante tempo do professor (*online*), mesmo quando o mestre consegue organizá-lo da maneira mais eficiente para valer-se do envolvimento completo dos aprendizes na própria educação, interagindo muito com os colegas e com outras fontes de informações.

A menos que o professor "encha lingüiça" no conteúdo do seu curso fazendo uso de uma postura totalmente errada, pois um tal curso não terá boa avaliação, e provavelmente não será repetido, ele precisa desenvolver um plano que priorize a interação dos aprendizes com ele.

A demanda pela interação é que define hoje o tamanho das salas de aula no esquema face a face (na FAAP, por exemplo, as salas maiores são para 40 alunos, porém nas salas de aulas práticas de laboratório, projetos, de exercícios, esse número cai pela metade) e a natureza das interações que devem ocorrer nas mesmas.

A demanda por interação tem um efeito similar nas aulas *online,* e é por isto que também não se pode ter um instrutor acompanhando e respondendo a mais do que 50 aprendizes em média, apesar de que isto depende muito da natureza do curso.

Mito nº 7 – A tecnologia sempre funcionará.

Naturalmente, a tecnologia (incluindo-se aí diversos *softwares*) **não funciona bem sempre!!!**

E quando a tecnologia não funciona – ou quando é complexa, limitando o professor e os seus aprendizes a terem um desempenho inadequado para alcançar os seus objetivos de aprendizado –, pode tornar-se um fator importante de desmotivação de aprender.

Geralmente os prejuízos são muito sentidos quando falham as tecnologias de interação (*chats* e fóruns).

Mesmo quando a tecnologia funciona bem e efetivamente, o tempo, os recursos, o planejamento e a aptidão organizacional requeridos para se alcançar esta proeza não são ainda totalmente conhecidos.

Muitos instrutores continuam achando que não é de sua responsabilidade o apoio tecnológico para os aprendizes, porém se esquecem de que eles é que estão na "linha de mira" quando os problemas deste tipo ocorrem.

É por isto que todo professor precisa:

- compreender o melhor que possa a tecnologia que estiver usando;
- planejar de forma cuidadosa como vai usar a tecnologia;
- prover para os aprendizes uma assistência no esquema 24/7:
- dar aos seus alunos instruções detalhadas sobre o que devem fazer quando a tecnologia não funciona:
- desenvolver um plano emergencial auxiliar quando todas as outras coisas falharem, o que às vezes acontece...

Mito nº 8 – O curso que se quer oferecer se divulgará por si só; basta colocar o comunicado na *Web* que os alunos aparecerão.

A *Web* é um espaço muito amplo, e está crescendo a cada mês de maneira astronômica.

Como resultado, mais escolas, IESs, universidades corporativas, universidades virtuais e organizações particulares estão desenvolvendo novos cursos *online*.

A menos que um curso em especial tenha uma audiência cativa, que é conhecida, constituída antecipadamente, fazer o *marketing* de um novo curso é o grande desafio para a IE e para o professor que o preparou.

É preciso realmente descobrir e levar a comunicação sobre o novo curso para aquelas pessoas que obterão um significativo incremento nos seus conhecimentos e/ou suas atividades profissionais, caso participem desse curso e o terminem.

Isto não é uma tarefa fácil e são muitos os cursos bem planejados e de bom conteúdo que não tiveram aceitação, pois o *marketing* desenvolvido foi inadequado.

Mito nº 9 – Os aprendizes entenderão sempre de forma clara os objetivos que serão alcançados ao se concluir um curso, lendo apenas as informações resumidas sobre ele.

Todo curso *online*, bem no seu início, deve apresentar um resumo das aulas no formato de um texto, porém a sua compreensão completa não é simples.

A bem da verdade, não dá para debater logo no princípio com os aprendizes, de forma detalhada, os assuntos que compõem todo o conteúdo do curso, até porque eles não entendem praticamente nada do mesmo.

CAPÍTULO 2

É por isso que no resumo do curso deve haver uma boa explicação do que os aprendizes podem esperar ao concluir o mesmo, e não somente uma explicação minuciosa sobre os tópicos do curso.

Esse "folheto" introdutório deve ser organizado da maneira mais amistosa possível, permitindo inclusive de saída que ocorra algum tipo de interação conversacional entre os alunos a respeito de alguns aspectos do curso.

O professor precisa elaborar esse resumo já como um documento inicial de trabalho para verificar a relativa aptidão do aprendiz no ambiente *online* e eventualmente captar logo no início algumas expectativas dos seus potenciais alunos.

REFLEXÃO – CRENÇAS FUNDAMENTAIS

Para entender bem o conteúdo deste livro é conveniente ter algumas crenças em mente à medida que se for avançando em sua leitura.

1. A tecnologia da Internet é o fato crucial para a ocorrência de um *boom* (explosão) do aprendizado.

Entretanto, não se deve esquecer que a tecnologia, qualquer que ela seja, é uma ferramenta e não uma estratégia.

Portanto, a Internet não pode, por si só, melhorar a qualidade do aprendizado que é viabilizado através dela.

2. Há um papel importante e duradouro para a instrução tradicional em sala de aula!!!

Realmente, não se deve acreditar que a tecnologia irá substituir completamente os bons professores nas aulas presenciais.

Vamos continuar tendo classes entre quatro paredes com muitos aprendizes motivados, mas estão enganados todos aqueles que acreditam que a Internet é uma moda passageira, porquanto o *boom* do aprendizado *online* vem vindo aí...

3. O aprendizado é fundamentalmente um processo contínuo e cultural, não apenas uma série limitada de eventos.

O aprendizado, qualquer que seja, valoriza e transcende tanto a sala de aula tradicional, como a virtual, e também o local de trabalho do aprendiz.

O acesso e as oportunidades para aprender devem estar disponíveis para qualquer pessoa, em qualquer lugar e a qualquer hora.

Isto se pode conseguir com o *e-learning* (aprendizado eletrônico) conectado à Internet continuamente (*online*).

O aprendizado no século XXI tem que ser um processo sem fim, isto é, não podemos mais parar de aprender!!!

4. O amplo campo do aprendizado abrange mais do que educação e treinamento.

Efetivamente o aprendizado é uma disciplina que tem por base a investigação sistemática e a pesquisa empírica, o que se vai adquirindo na educação formal, na vida profissional, e agora também no ensino *online*.

Para o ensino *online* eficaz, atualmente o obstáculo é a formação de um competente corpo de professores.

5. Não é necessário estar no mercado da educação ou no setor de treinamento de alguma empresa para se ter ou criar oportunidades de e-learning.

Antes de mais nada, é vital não confundir **aprendizado** (uma coisa que todos os seres humanos fazem ou a que estão sujeitos de uma maneira ou outra) com **instrução** (uma coisa que presumivelmente auxilia o aprendizado).

As pessoas aprendem o tempo todo e ninguém pode parar o aprendizado no seu sentido mais amplo mesmo que queira, a não ser que fique totalmente alienado...

Hoje em dia muitos *sites* públicos na *Web* não são de natureza instrutiva, mas mesmo assim nos fornecem informações, com as quais **podemos aprender!!!**

6. O desenvolvimento e a implementação de uma estratégia do aprendizado *online* nunca estarão totalmente concluídos!!!

De um lado, é necessário redefinir continuamente a estratégia à medida que forem surgindo novas opções tecnológicas.

CAPÍTULO 2

De outro, a IE ou a IES, ou ainda a empresa que recorrer ao *e-learning* para ensinar os seus aprendizes, estará fazendo isto tendo sempre em vista a sua missão e a sua visão, certificando-se de que está existindo o alinhamento. Havendo alguma mudança, seguramente isto também deve ocorrer na estratégia do *e-learning*.

OBSERVAÇÃO IMPORTANTE – PROGRESSO DO APRENDIZADO *ONLINE*

Brandon Hall é considerado um dos maiores especialistas em *e-learning* da atualidade, sendo naturalmente um ferrenho defensor do uso da tecnologia do aprendizado *online*.

Ele escreveu *Web-Based Training Cookbook* (Editora John Wiley) e *The Handbook of Training Design and Delivery* (Editora McGraw-Hill) junto com Peter Beckschi e George Piskurich, e numa entrevista concedida à revista *HSM Management* (nº 29 – novembro/dezembro 2001) disse:

"Todos os cursos *online* exigem uma certa largura de banda e, felizmente, a tecnologia atual nos auxilia a superar esse obstáculo.

A largura de banda refere-se à velocidade real disponível no momento da transmissão.

A velocidade de transferência é definida por três parâmetros: a velocidade de acesso ao servidor, velocidade de conexão do usuário e tamanho do arquivo.

Mesmo assim, devido às limitações ainda existentes na velocidade de transferência de dados, os mais modernos sistemas de treinamento interativos *online* se assemelham aos CD-ROMs de **alguns anos atrás** no que se refere, por exemplo, a recursos visuais.

De qualquer modo, embora alguns aspectos dos cursos *online* ainda apresentem um avanço menor, a facilidade de gerenciamento e a capacidade de efetuar atualizações rápidas e amplas fazem a tecnologia valer a pena.

Ainda mais porque a evolução contínua e rápida da tecnologia da Internet garante que essas limitações serão superadas num futuro não muito distante (como, aliás já estão sendo...), abrindo caminho para uma mídia e interatividade semelhantes às do CD-ROM.

As tecnologias futuras prometem um tempo de acesso cada vez menor.

Em pouco tempo as aplicações de multimídia pela Intranet e Internet vão se transformar em atividades rotineiras.

No século XXI, a mudança fará parte da vida de cada indivíduo.

As pessoas assumirão novas funções em um ritmo acelerado, as antigas funções mudarão rapidamente (e até desaparecerão...), e as demandas por aprendizado e melhoria de aptidões para que as pessoas simplesmente sejam capazes de continuar a executar o seu trabalho de maneira adequada não pararão de crescer.

Assim, as necessidades de treinamento para a geração *N-Gen* serão cada vez maiores, e o *e-learning* é um novo mecanismo que todos os profissionais de ensino precisarão compreender profundamente para ser bem-sucedidos.

À medida que cada pessoa vá subindo na sua carreira profissional, o *e-learning* será a maneira que lhe permitirá aprimorar os seus conhecimentos, que a torne competente no novo nível, visto que lhe assegurará uma liberdade no tocante ao tempo para estudar."

2.2 – RESTRIÇÕES EXISTENTES NO ENSINO E APRENDIZADO *ONLINE*

Não são todas as pessoas que se sentem confortáveis no aprendizado *online*.

Aí vai uma série de restrições que se aplica a uma situação de um curso *online*.

"É impressionante como algumas pessoas conseguem tirar muito mais proveito de um PC que as outras!!!"

1ª Restrição – Medo da tecnologia.

Algumas pessoas adaptam-se facilmente às novas tecnologias, enquanto outras ficam temerosas com a mudança e bastante tensas com a pressão que a tecnologia lhes impõe sobre a sua compreensão e ação no mundo.

Embora a tecnologia nos circunde, muitas pessoas têm medo de utilizá-la.

CAPÍTULO 2

Isto ocorre principalmente com os adultos, e o uso dos computadores é um bom exemplo, pois até hoje eles assustam muitos professores tradicionais.

Aliás, os professores acostumados ao trabalho face a face com os alunos resistem muito para entrar num curso que lhes permita mais tarde complementar pelo menos as suas aulas com algumas atividades *online*, o que hoje já se chama de *blended learning* (aprendizado combinado).

Claro que esta não é uma regra geral e, por exemplo na FAAP, temos mais de uma centena de professores inscritos num curso de pós-graduação em Tecnologia Educacional, que se desenvolve de uma forma mista: presencial e *online* (*blended learning*).

2ª Restrição – Diferentes níveis de aptidão tecnológica.

É muito comum os aprendizes que iniciam um curso *online* terem níveis de conhecimento tecnológico bem diferentes.

Isto é praticamente inevitável em uma classe de qualquer tamanho, e se transforma para o professor tanto em muitos desafios, como em grandes oportunidades.

Entre os desafios, obviamente, deve-se incluir a velocidade com a qual o curso irá se desenvolver para dar tempo àqueles aprendizes que precisam aprimorar as suas habilidades tecnológicas.

Entre as oportunidades, talvez a mais importante seja a de constituir equipes, incluindo nelas os alunos com maior competência técnica para ajudar aqueles que desconhecem algumas tecnologias, e já ir formando assim o espírito de colaboração e cooperação entre os estudantes através da contínua interação entre eles.

3ª Restrição – Níveis diferentes de aptidão literária e capacidade para escrever.

Desde que a maior parte das interações num curso *online* é através da escrita, um aprendiz pode ter uma grande desvantagem em relação ao outro se tiver baixa capacidade para se expressar de forma escrita.

Alguns cursos *online* são inclusive direcionados para desenvolver a aptidão de redigir, porém a maior parte dos cursos exige que os participantes saibam tanto escrever bem como ter a capacidade de entender as mensagens recebidas.

4ª Restrição – Aptidão para digitar e usar adequadamente o teclado do computador.

Uma habilidade que deve ter o aprendiz de um curso *online* para facilitar as suas interações com os outros é a de digitar textos. Isto pode não ser tão importante se um curso for oferecido de forma assíncrona. Porém, se o curso for oferecido no modo síncrono, a aptidão de digitar bem depressa (ou não) determinará quem vai se manifestar mais!!!

Claro que com o surgimento de *softwares* que reconhecem e transmitem a voz, a habilidade ou não de ser um bom digitador se tornará um obstáculo menor, mas de qualquer forma isto precisa ser levado em conta, pois continuará existindo a necessidade de escrever.

5ª Restrição – Acesso ao computador e à conexão com a Internet.

Em um ambiente completamente *online*, o computador atua como o mediador de todas as interações.

Contudo, os computadores e os *softwares* estão sendo usados apenas como ferramentas para permitir o aprendizado e viabilizar a interação entre o professor e os aprendizes.

Deve-se lembrar que cada aprendiz precisa ter acesso às ferramentas de trabalho (um computador, o *software* e a Internet) com o intuito de ter uma participação plena.

As pesquisas feitas em alguns países, em particular também nos EUA, mostram no início do século XXI que existe uma dramática disparidade na capacidade de acesso entre as populações urbana, suburbana e rural e entre grupos socioeconômicos e raciais distintos, bem como entre as várias comunidades étnicas.

6ª Restrição – O conforto de um espaço físico para estudar.

O ambiente físico onde cada um dos aprendizes possa estudar e fazer as suas tarefas irá determinar em parte a qualidade do processo de ensino e aprendizado *online*.

Por isso, é essencial que os estudantes tenham cadeiras ergonômicas que, além de suportarem o seu peso, permitam-lhes ficar sentados por muito tempo confortavelmente, interagindo com os seus colegas e com o professor, recebendo informações, trabalhando em projetos, buscando dados, etc.

Deve-se também ter (ou fornecer) aos aprendizes computadores cujas telas não sejam tremeluzentes para não lhes provocar irritação nos olhos ou dor de cabeça.

CAPÍTULO 2

Finalmente, deve-se estimular os aprendizes a estudar em locais que são propícios para o aprendizado e nos quais sejam mínimas as condições para se distraírem.

É óbvio que tudo que vale para os aprendizes serve também para o professor, pois caso ele se sinta desconfortável no seu espaço de trabalho, a sua aptidão para ensinar bem também ficará bastante prejudicada.

7ª Restrição – Ter algum tipo de incapacidades ou inaptidão.

Muitas incapacidades físicas, tais como aquelas envolvendo visão, audição ou alguns movimentos podem ser efetivamente manipuladas ou corrigidas nos ambientes *online* através da aplicação de tecnologias específicas já existentes para estes fins.

O professor, além de planejar algumas facilidades para aqueles que têm necessidades especiais, deve também criar algum processo de identificação dos recursos que existem para ser empregados em situações peculiares.

O instrutor, nesse caso, deve recorrer ao administrador do programa de educação a distância, ou ao pessoal de suporte tecnológico, ou ainda ao *designer* instrucional.

Muitos recursos excelentes já estão disponíveis para estes casos e alguns foram recentemente mostrados na exposição realizada paralelamente à conferência *Training 2002*, que aconteceu em Atlanta, nos EUA, em fevereiro de 2002.

8ª Restrição – Não estar apto a se comunicar na linguagem do curso.

É vital ser capaz de comunicar-se na linguagem do curso oferecido com o intuito de beneficiar-se de todas as interações por ele proporcionadas.

Com a "natureza mundial" da Internet, cada vez mais e mais aprendizes estão cruzando as fronteiras físicas e se matriculando nos cursos *online*.

Assim, é bastante importante que o aprendiz aumente a sua proficiência de comunicação via Internet antes de começar um curso *online*.

9ª Restrição – Atuar em regiões do mundo com diferentes horários.

Como a educação *online* permite o aprendizado assíncrono, ela pode ser particularmente eficaz para se conectar aprendizes em diferentes zonas do mundo, o que significa em fusos horários distintos.

Caso o esforço do professor esteja voltado para desenvolver um curso síncrono, ou seja, em *real-time* (no mesmo instante), o que significa que as interações vão ocorrer só naquele horário, isto pode ser um grande problema pois o que é manhã para alguns aprendizes pode ser madrugada ou noite para outros...

O instrutor deve ter esse fator em mente, porque às vezes uma aula no final de uma manhã pode ser no horário de almoço ou de jantar de um outro estudante, e isto realmente se transforma num desconforto que não é nada fácil de contornar...

REFLEXÃO – O SIGNIFICADO E A NECESSIDADE DE BANDA LARGA PARA UMA MAIOR EFICÁCIA DO APRENDIZADO *ONLINE*

Tudo o que pode ser feito com um *modem* "tradicional" (abreviatura de **mo**dulador/**demo**dulador, equipamento de comunicação que permite a um computador transmitir informações por linhas telefônicas comuns) é muito mais rápido fazer com a banda larga – **mas muito mais rápido mesmo!!!**

Não apenas isso, com a banda larga você (professor ou aprendiz) pode fazer coisas que demorariam um tempo enorme com um *modem*.

Existem muitas coisas divertidas feitas com uma conexão realmente mais rápida na Internet, que ilustram muito o aprendizado.

Banda larga é um termo genérico usado para descrever conexões rápidas com a Internet, e na realidade isto é tudo: nada fantástico ou esotérico, apenas uma conexão mais rápida na Internet.

Porém, para entender melhor o que vem a ser banda larga, convém compreender mais alguns conceitos como:

DSL ➡ DSL significa *digital subscriber line*, apesar de não ser uma explicação clara.

Na realidade, isto significa que o par de fios de cobre com que a companhia telefônica se conecta com sua casa todos esses anos, pode ser usado agora de maneira diversa da adotada pelos *modems*, isto com o objetivo de forne-

CAPÍTULO 2

cer conexão significativamente mais rápida, se todas as condições forem apropriadas.

Os *modems* padrão auxiliam os computadores a se comunicarem através das linhas telefônicas, convertendo sinais digitais em sinais analógicos para transportá-los pelas linhas de telefone ou para resgatar os dados por intermédio dos telefones para dentro do seu computador.

Infelizmente, um sinal analógico pode transportar um volume de dados relativamente limitado – cerca de 56 kbps (kilobits por segundo).

Porém a velocidade em bps (*bits* por segundo) não equivale à taxa de transmissão de dados *bauds* (homenagem ao engenheiro e telegrafista francês Jean-Maurice Emile Baudot).

Assim, usa-se a *baud rate* (taxa de transmissão de dados), que é o número de eventos, ou mudanças de sinal, **que ocorrem em um segundo** - e não o número de bits transmitidos por segundo (bps).

Nas comunicações digitais de alta velocidade, um evento pode, na verdade, representar mais de um *bit*, e os *modems* são descritos com mais precisão em termos de *bits* por segundo do que da taxa de transmissão de dados.

Por exemplo, os chamados *modems* de 9.600 bauds, que codificam quatro *bits* por evento, operam, na realidade, a 2.400 bauds, porém transmitem 9.600 *bits* por segundo, e portanto devem ser chamados de *modems* de 9.600 bps ou 9,6 kbps.

DSL por conseguinte significa linha por assinatura digital.

Usando a DSL, você pode conectar-se à Internet de sua casa, do seu escritório ou até do seu sítio (se tiver essa ligação especial) em velocidades de até 1,5 MB (*megabytes* por segundo).

O mais importante é que a DSL pode oferecer estas velocidades por uma fração de custo de tecnologias concorrentes.

O que faz a DSL ser tão revolucionária é a sua aptidão para funcionar nas linhas de telefone existentes já instaladas na maioria dos prédios e casas das cidades.

Antes do desenvolvimento da DSL, muitas pessoas acreditavam que a velocidade mais rápida que poderiam alcançar através dessas linhas seria de apenas 56 kpbs.

A DSL supera esta limitação em muito pelo uso de fios de telefone existentes em um percurso 100% digital.

Modems a cabo ➡ As empresas de cabo conectaram enormes fios (em comparação com as linhas telefônicas) nas residências e edifícios todos estes anos, antes de alguém ter tido a idéia de enviar dados de computador por meio dessas conexões.

O resultado pode ser visto em muitas comunidades onde qualquer pessoa com televisão à cabo pode contar com o serviço de *modem*, cuja conexão rápida é semelhante às do DSL no que diz respeito à velocidade e à capacidade.

Em vez de ligar uma caixa ao cabo e conectá-lo na televisão, liga-se uma caixa diferente ao cabo e conecta-se no computador.

Isto já está disponível através do mesmo monopólio de cabo que intercepta a caixa *pay-per-view* (paga-se para poder assistir) no meio do caminho, mas está havendo muito cuidado com as conexões de dados...

Conexões por satélite ➡ A terceira opção na área de banda larga compreende o uso de satélites em órbita da Terra, que estão a muitos quilômetros acima de nossas cabeças.

O melhor aspecto do serviço de Internet por satélite está em dispensar a conexão de novos fios nas casas – e este parece ser o futuro.

E o chamado *direct satellite service* (DSS), ou seja, o serviço de satélite direto permite que o usuário interaja com satélites em órbita da Terra, diretamente a partir do seu próprio telhado ou quintal (basta lá colocar a antena parabólica...)

As principais vantagens do acesso direto à Internet via satélite são: maiores velocidades de acesso, disponibilidade mais ampla e recursos extras.

A maioria dos provedores por banda larga tem vários pacotes disponíveis com diversos preços, velocidades de conexão e até as tarifas "permitidas" durante a conexão.

Quando se discute a velocidade de banda larga fala-se muito em **carregar**, ou seja, o processo de enviar informações do seu computador para qualquer outro lugar, pela Internet e em *download*, isto é, o processo de pegar informações de algum outro lugar, pela Internet, e armazená-las ou exibi-las em seu computador.

Nesse caso, enquanto a velocidade de um *modem* é representada por um único valor (28,8 kbps, 33,6 kbps ou 56 kbps), a da banda larga aparece habitualmente com dois valores: a velocidade para fazer o *download* e a velocidade para carregar (como em 416/208, 640/90, e assim por diante).

CAPÍTULO 2

O objetivo, é então, aumentar a **largura da banda** tanto quanto for possível.

Caso você pense em sua conexão com a Internet como um fluxo de água, um *modem* padrão é uma torneira de banheiro, uma linha ISDN (*integrated services digital network*) é uma mangueira de jardim, e qualquer uma da conexões por banda larga é uma mangueira de incêndio.

Uma maior largura de banda é equivalente a ter um cano mais largo para a Internet!!!

Isto explica porque as pessoas estão atualmente começando a abandonar os *modems*, trocando-os por uma das conexões mais rápidas disponíveis para computadores: DSL, *modems* a cabo e conexões por satélite.

Dessa maneira para carregar uma página *Web* contendo, digamos, o equivalente a 256 kb de texto e imagens (uma pequena página nos dias de hoje e nesta era), gasta-se mais de **um minuto** usando um *modem* de 28,8 kbps, **38 segundos** por um *modem* de 56 kbps, e apenas **quatro segundos** por uma conexão decente de banda larga.

Considerando a lentidão de muitos *sites* populares da *Web*, qualquer vantagem de velocidade auxilia a eliminar da vida do professor e do aprendiz a *world wide wait*, isto é, a espera na *Web*.

A banda larga oferece a vantagem de velocidade que aumenta em muito a dinâmica do ensino *online*.

Com a banda larga será possível introduzir o som no e-*learning* e muitas imagens animadas, o que é "desaconselhavel" através dos *modems* por serem muito lentos!?!

Com a banda larga surgirão outros benefícios para a humanidade neste mundo novo: chamadas de voz pelo mundo todo vão ser praticamente gratuitas, a participação em reuniões de trabalho vai ser apoiada por videofone com as pessoas envolvidas nas mesmas separadas por grandes distâncias, os pais poderão mostrar os netos para os avós, e os namorados separados poderão falar e se ver, mandando beijinhos um para o outro...

Além disso, está se tornando bem fácil e rápido, tendo uma conexão por banda larga, carregar por *download* um CD inteiro em formato MP3, ou então enviar a mais recente canção absolutamente adorável para algum amigo(a) que mora em outro Estado em apenas alguns minutos...

Em última análise, a conexão por banda larga facilitará e tornará muito mais interessante nos próximos anos o aprendizado *online*.

Assim como comprar um computador mais veloz pode repentinamente explicar o motivo pelo qual as pessoas deliram de entusiasmo diante do *software* – que se torna espetacular em função dessa velocidade –, adquirir uma conexão por banda larga vai permitir que as informações e os conhecimentos passados (recebidos) pelo professor (aprendiz) sejam muito mais atraentes com a inclusão de som e imagens e possam ser assimilados muito melhor e mais rapidamente.

REFLEXÃO –
AS GRANDES DIFERENÇAS DE EDUCAÇÃO ENTRE AS GERAÇÕES

Temos agora uma nova geração no mundo, que o famoso escritor Don Tapscott – autor de *best-sellers* como Economia Digital e Mudança de Paradigma –, denomina de geração Net, ou simplesmente *N-Gen*.

E qual é a diferença entre esta geração e as suas antecessoras?

Esta é a primeira geração a crescer cercada pela mídia digital.

Os computadores são encontrados nos lares, nas escolas, nas empresas e nos escritórios, e as tecnologias digitais, como câmeras, videogames, CD-ROMs, televisão, telefones celulares estão em uma evolução frenética.

Cada vez mais esses novos meios estão conectados pela Internet.

Os jovens de hoje estão tão imersos em *bits* que pensam que tudo isto já faz parte da paisagem...

Para eles, a tecnologia digital é tão simples quanto um rádio para os mais velhos.

O termo *N-Gen* refere-se à geração de crianças e jovens que em 1999 tinha entre 3 e 22 anos de idade, e não apenas àqueles que são habilidosos no uso da Internet.

Infelizmente ainda a maior parte das pessoas **não pertence** à *N-Gen*, sejam os aprendizes mais adultos bem como os professores e por isto existe um **abismo** entre as outras gerações em relação à *N-Gen*.

cAPíTuLo 2

Na realidade o termo surgiu pelos seguintes motivos:

1. As gerações mais velhas estão inseguras quanto à nova tecnologia (isso inclui o aprendizado *online*) que os jovens estão adotando.

Lamentavelmente muitos adultos estão encarando a tecnologia digital mais como um **depreciador** do que como um **contribuinte** à sua qualidade de vida.

Muitos acham que as máquinas de *fax*, *pagers*, telefones celulares, e-mails, redes de computadores LAN e WAN, e principalmente a Internet, são tecnologias usadas nas empresas para acelerar o ritmo de trabalho.

Porém não deveria ser este o enfoque, e os adultos usuários da nova tecnologia não deveriam sentir-se assim.

Aliás, para eles, o uso do correio eletrônico (*e-mail*) e do correio de voz permite muito mais liberdade, já que perdem muito menos tempo para se comunicarem e não fazem plantão ao telefone até serem atendidos.

2. Gerações mais velhas tendem a sentir-se desconfortáveis com novos meios de comunicação – que estão se tornando cada vez mais populares na cultura jovem.

Se existe alguma coisa de concreto nisso tudo, principalmente no tocante ao pânico que as gerações mais adultas têm da mídia, está de alguma maneira relacionado à insegurança dos mais velhos quanto à necessidade que os seus filhos têm de tornar-se independentes e definir suas preferências por meios de comunicação.

Entretanto, existem muitos adultos que gostam da nova cultura jovem e a consideram vibrante e revigorante, sintonizando rádio FM de *rock* alternativo e vendo programas de MTV radicais.

Estes e outros adultos precisam, porém, também passar a gostar de estudar e aprender *online*!!!

3. A mídia antiga teme a nova mídia.

Como a Internet tem sido o principal meio de desvio de tempo antes gasto diante da televisão, e que proporcionou mais uma opção de coleta de informações, concorrendo com os jornais, rádios e canais de televisão, de um lado os pais estão com medo de perder o controle sobre os filhos, enquanto de outro os jornais e as emissoras de rádio e de televisão têm medo de perder suas audiências, e assim, uma ansiedade vai alimentando a outra.

4. A revolução digital, ao contrário das anteriores (principalmente na educação) não vai ser desejada e controlada apenas por adultos.

Realmente o cerne da revolução digital é a Internet, que está se tornando o meio para praticamente todos os dispositivos digitais se comunicarem entre si.

Apesar do nascimento da Internet ter sido um acontecimento disciplinado, com o governo trabalhando lado a lado com as instituições acadêmicas, a sua fantástica evolução nos últimos anos tem se assemelhado a um "vale-tudo".

De fato, ninguém tem hoje o controle sobre a rapidez com que a Internet está se expandindo, e pode-se dizer que ela está à mercê das forças do mercado.

As pessoas podem colocar o que quiserem na *Web*.

Assim, adolescentes e crianças com a câmera de vídeo (*Webcam*) e um PC (*personal computer*) têm condições de transmitir para o mundo!!!

O leitor deve comparar este desenvolvimento com a maneira rigidamente controlada com que as primeiras concessões de televisão foram feitas.

As freqüências das televisões foram vistas como um recurso escasso que exigia uma cuidadosa administração.

Na Internet pode-se dizer que não existe escassez, mas, ao contrário, há abundância, e o poder desse meio de comunicação está sendo liberado para todas as faixas etárias e deve ser usado principalmente para uma educação eficaz.

Claro que embora ninguém controle o conteúdo da Internet, os adultos ainda detêm o controle efetivo sobre as entranhas da Internet, pois evidentemente são eles que produzem a quase totalidade do *software* e das ferramentas usadas por esse novo e extraordinário meio.

O que se pode concluir desses quatro temas é que a Internet é o grande desafio à ordem existente em várias frentes.

As gerações mais velhas, acomodadas confortavelmente com os seus antigos meios de comunicação, estão se sentindo ameaçadas por uma nova geração e por um meio de comunicação que **não é controlado por ninguém**!!!

Pela primeira vez, a **nova geração** compreende(!!!) o novo meio muito melhor que os mais velhos e o está assimilando ao seu dia-a-dia.

Este desafio à ordem existente é uma fórmula para confusão, insegurança, e inclusive para o aparecimento de livros, artigos de jornais, bem como de programas de rádio e televisão com abordagens maldosas sobre a juventude e sua cultura.

CAPÍTULO 2

Cada vez mais a juventude estará apta a aprender *online*, e o que se espera é que surjam muitos professores que rompam os seus paradigmas e preparem excelentes cursos de *e-learning*, pois só assim é que se poderá eliminar mais rapidamente este abismo desde que pessoas de todas as idades participem do aprendizado eletrônico.

CAPÍTULO 3
ORGANIZANDO O CURSO ONLINE

3.1 – LEVANDO EM CONTA OS ITENS BÁSICOS

Nos tempos de Internet...

Uma vez que uma instituição de ensino (IE) decide que algumas (ou todas) de suas disciplinas, ou então um curso todo deva ser *online*, os professores que vão criar os conteúdos precisam preocupar-se com muitas coisas: como a tecnologia que vão utilizar, a sua duração, as avaliações dos aprendizes, o conteúdo, o formato de cada aula, etc. e especialmente a reação dos aprendizes.

Vamos usar o termo **curso** tanto para uma disciplina como para um conjunto delas.

Para um curso tradicional, o instrutor também estabelece um *design* instrucional, definindo o conteúdo específico, as leituras complementares que devem ser feitas, a bibliografia que apóia o estudo, e outros recursos didáticos como computadores, laboratórios, salas de desenho, etc.

Num curso *online*, entretanto, o elemento tecnologia tem uma importância maior, e é por isto que se deve pensar nele com mais cuidado ao se fazer seu *design*.

CAPÍTULO 3

Ao desenvolver um curso *online*, o professor também deve inicialmente identificar as metas e os objetivos que deseja alcançar com seus aprendizes.

Essas metas podem ser específicas, com a mensuração das realizações, ou podem ser mais abstratas ou "fluídas" em relação à ampliação das perspectivas de trabalho dos aprendizes, ou inclusive para ajudá-los de maneira diferente em algum aspecto da sua vida.

Para desenvolver bem um curso *online* (ou qualquer outro curso), o professor precisa tornar bem claras as metas e objetivos que se alcançarão com o mesmo.

Ele deve, pois, descrevê-los e comunicá-los de maneira **compreensível** a todos os aprendizes, bem como a todas as outras pessoas envolvidas com o curso.

O passo seguinte são as decisões que o professor precisa tomar sobre o conteúdo.

- O que ele deve incluir?
- Quais métodos são os mais convenientes para explicar esse conteúdo?

Etc.

Num curso interativo *online*, **efetivamente** certos tipos de conteúdo e métodos de ensino funcionam melhor do que outros.

O professor deve criar um ambiente que estimule os aprendizes a pensar sobre certos assuntos, analisando casos da vida real relacionados aos mesmos, propondo muitos problemas para serem resolvidos individualmente ou em grupo e submetendo diversos itens controversos ou que gerem polêmica para serem discutidos de forma interativa.

Quando o instrutor começar a interagir com e entre os aprendizes, precisa propor o seu conteúdo com questões abertas ou "limitadas" para facilitar os debates.

Sempre que for possível, cabe ao professor auxiliar e estimular os aprendizes a apresentarem suas próprias experiências referentes ao conteúdo.

O instrutor deve selecionar sempre diversas leituras que forneçam diferentes perspectivas sobre algum tópico do curso.

Como os aprendizes já têm acesso à Internet, evidentemente boa parte dessas leituras pode ser na *Web* e outra em livros, revistas e jornais, porque não se pode de forma alguma menosprezar a sua importância e conveniência apesar do curso ser *online*.

O professor precisa estar muito bem familiarizado com os recursos existentes dentro da IE que oferece o curso.

Assim, é comum que muitas IEs coloquem à disposição outros materiais *online* e principalmente forneçam acesso à sua biblioteca via *Web*.

Esses recursos são de grande importância para que os aprendizes adquiram o hábito de pesquisar as informações e receber materiais complementares às aulas "lecionadas".

Um problema que o professor ou a IE que patrocina o curso deve resolver é o dos **direitos autorais,** quando os professores utilizam em demasia textos de livros, para não entrar em áreas de atrito ou zonas de litígio com as editoras.

É preciso entender e cumprir a lei vigente dos direitos autorais no País para proteger o trabalho do professor e da IE, e respeitar também o que é fundamental, o trabalho dos outros.

O professor precisa estar sempre ciente de que o direito autoral não dá proteção às idéias propriamente ditas, mas sim protege o formato segundo o qual as mesmas são expressas.

Nos EUA principalmente, onde os cursos *online* já estão bastante desenvolvidos, o professor que prepara seus cursos busca seguir os princípios do **"uso honesto"** e a **"regra dos 10%".**

Preocupar-se portanto, com os direitos autorais e com o " uso honesto" é essencial justamente para obter a permissão dos autores de livros e artigos para publicá-los, e não exceder a 10% dos trabalhos publicados, especificamente dos livros.

Assim, o uso de trechos de trabalho alheio na constituição do material do professor não é antiético, desde que sejam respeitados os critérios relativos aos direitos autorais e à propriedade intelectual.

A tecnologia que comanda o funcionamento dos computadores, bem como dos *softwares* muda todo dia, e existem atualmente as mais variadas aplicações que ajudam muito o bom desenvolvimento do ensino e do aprendizado *online*.

Os programas *online* (aplicações de *software*) podem ser tanto interativos como não-interativos.

As aplicações interativas são programas de computador que nos permitem interagir com duas ou mais pessoas *online*.

CAPÍTULO 3

Entre estas aplicações estão aquelas que possibilitam os *chats*, *bulletin boards*, as discussões em grupo, a troca de documentos ou textos e de *e-mails*.

A interação pelo uso dessas aplicações pode ainda ser **síncrona** (tempo real), no caso de um *chat*, ou **assíncrona**, no caso de um *bulletin board*, que o aprendiz pode ler ou acrescentar-lhe algo segundo a sua conveniência.

Numa interação *online* no decorrer de uma aula, muitas dessas capacidades podem servir para diferentes finalidades.

Mas, na maioria das vezes, os *bulletin boards* e as discussões em grupo servem como métodos **primários** de interação no curso.

As aplicações não-interativas são aqueles programas para computador que não exigem nenhum tipo de interação.

O professor pode usar estes programas para apresentar uma bateria de perguntas ou testes, enviar comunicados na *Web* ou comentários nos quadro de aviso, mandar comunicações em áudio/vídeo, promover *links* externos, alterar as páginas de conteúdo, etc.

Claro que em algumas situações particulares estes programas servem também para os aprendizes.

Além disso, em muitos cursos *online*, tais programas permitem reforçar algumas aplicações interativas, bem como servem para simplificar a avaliação do conhecimento dos aprendizes e tornar anônimas as respostas dadas a certas questões propostas no curso.

As aplicações não-interativas permitem usos muito positivos, porém cabe ao professor na era da informática e do aprendiz *online* não se submeter a uma filosofia de ensino ou formato que seja determinada apenas pela aplicação das ferramentas ora em uso ou as recomendadas.

É vital que cada professor crie seu próprio estilo e tenha plena convicção de que as ferramentas que esteja utilizando são as que garantirão que ele consiga alcançar os objetivos almejados, transferindo para os aprendizes conhecimentos de grande valor.

Uma estratégia bem conveniente é que o professor antes de começar o curso, e uma vez que saiba com antecipação quem vai participar do mesmo, entre em contato individual com cada aprendiz e transmita-lhe as suas expectativas de como ele deverá proceder para obter pleno êxito no aprendizado.

Essa **primeira interação,** além de ser muito proveitosa poderá ser o passo fundamental para criar um ambiente de bastante simpatia e algo inesquecível para o aluno...

CAPÍTULO 3

REFLEXÃO – LINGUAGEM DA INTERNET

Recentemente foi publicado o livro *A Linguagem e a Internet* (Cambridge - 2001), cujo autor é David Crystal, no qual defende um futuro acolhedor para a linguagem que está sendo usada no mundo virtual.

Diz o lingüista David Crystal: "A Internet é de fato responsável por uma enorme revolução na linguagem, porém para mim isto é uma evolução natural da comunicação.

Acredito que isto tem tudo a ver com o *netspeak* (língua da rede).

Aliás, não acredito que a expansão da Internet possa comprometer a utilização correta da gramática de qualquer língua.

A história comprova que toda vez que uma nova tecnologia aparece, as pessoas a condenam sob a acusação de que ela vai deteriorar a língua ou estragar a cultura.

Basta lembrar que quando a escrita foi inventada, ela não eliminou a fala, mas, ao contrário, juntou-se a ela.

O mesmo aconteceu com a imprensa e a televisão.

A acusação dos puristas sobre a avalanche que o inglês, que é a **língua da globalização** (cerca de 1,5 bilhão de pessoas utiliza o inglês como primeira, segunda ou terceira língua) possa vir a causar nos outros idiomas por estabelecer padrões mundiais na rede, não vai gerar nenhum tipo de caos, e a única grande modificação é que no lugar de 25% da população mundial falar inglês, este percentual deverá subir para 40% e se estabilizar nesse nível.

Porém, tenho plena convicção de que as salas virtuais de bate-papo, por seu turno, podem garantir uma sobrevida para algumas línguas que estão quase desaparecendo.

Pela primeira vez as línguas minoritárias estão ultrapassando barreiras geográficas, e um idioma quase morrendo, que seja falado por alguns milhares de pessoas, muitas dispersas pelo mundo e que não se encontram fisicamente, pode agora nos *chats* novamente ser usado com mais freqüência, visto que cada vez mais pessoas usam a Internet para se comunicarem.

Como se percebe, os poucos falantes de certas línguas em declínio têm agora a oportunidade de usar os seus idiomas, mesmo separados por grandes distâncias, o que era quase impossível antes da era da Internet..."

83

cAPÍTuLo 3

No Brasil, alguns filólogos estão bastante alarmados com a contaminação da língua e da gramática, porém aceitam o estrangeirismo desde que venha em proporções moderadas.

Aliás, os dicionários mais recentes, como o espetacular *Dicionário Houaiss da Língua Portuguesa,* já trazem verbetes próprios da linguagem do computador como **deletar** (apagar, suprimir, remover) ou *chat* (forma de comunicação a distância, utilizando computadores ligados à Internet, no qual o que se digita no teclado deles aparece em tempo real no vídeo de todos os participantes do bate-papo), e no futuro sem dúvida poderão incorporar termos utilizados por internautas também.

O professor Pasquale Cipro Neto, gramático e apresentador do programa *Nossa Lingua Portuguesa* na TV Cultura de São Paulo, não acredita que esses verbetes venham a empobrecer a língua portuguesa.

Diz ele: "Eles são incorporados naturalmente pois este é um processo inevitável.

O que não pode ocorrer é a adoção de abreviações comumente utilizadas em *chats* como: **tb** para também, **vc** para você, **abs** para abraços ou **bjos** para beijos fora do universo da Internet.

A língua é como uma roupa.

É necessário saber utilizá-la de maneira adequada de acordo com a situação.

Se não souber, nos dois casos a pessoa vai passar vexame."

Realmente os internautas, e aí estão praticamente todos que entram no aprendizado *online*, estão provocando uma mutação dos recursos gráficos utilizando diferentes sinais que, para leigos, mais parecem erros de ortografia.

Eles são acrescentados antes ou depois de alguma expressão ou frase para dar mais ênfase ao seu sentido, para **colocar mais emoção ou sentimento!!!**

Os freqüentadores de *chats* facilmente identificarão que estão recebendo uma rosa quando receberem o sinal @}– .

E avaliarão como está o estado emocional do remetente se ao lado da assinatura vier um dos seguintes sinais:

    :-)   (felicidade)

    :-((tristeza)

    :-))) (gargalhada)

    (:-... (que significa a desolação depois de ter recebido uma notícia que machucou seu coração).

Na Tabela 3.1 estão vários símbolos usados com freqüência na Internet em salas de bate-papo, conforme aparece no livro de Gilmar Grespan, *O Uso da Língua Portuguesa Escrita em Tempo Real na Internet*.

Realmente a rede mundial de computadores rompe a barreira de como se escreve no livro tradicional, porém sem a intenção de eliminá-lo.

&:-)	Pessoa com cabelo enrolado	:-)'	Babando
x-)	Com vergonha ou tímido	{;V	Pato
:-)	Estou feliz	<:-)	Pergunta estúpida
B-)	Estou feliz e de óculos	>:-)	Sorriso malicioso, maldoso
:-(	Triste ou com raiva	:'''-(	Inundação de lágrimas
:-)))	Estou gargalhando	::-)	De óculos
<:-)	Você fez perguntas bobas	_m(o_o)m_	Espiando por cima do muro
(:-...	Mensagem de partir o coração	:-} + :-) = (_)>	Vamos tomar um chopinho
:-/	Estou perplexa	:-')	Resfriado
:-O	Estou impressionada	:-C	Queixo caído
:-P	Mostrando a língua	:-#	Beijo
(:-(	Estou muito triste	:-D	Gargalhando
:-x	Mandando beijo(1)	(-:	Canhoto
(:-x	Mandando beijo(2)	:-9	Lambendo os lábios
:-D	Rindo	:-[	Bigode
I-(	De madrugada	:-?	Fumante de cachimbo
:'-(	Chorando	=:-)	*Punk*
:-o	Oh, não!!	:-"	Lábios franzidos
[]'s	Abraços	O:-)	Santo
:-II	Zangado	:-@	Gritando
(:-)	Careca	:-V	Berro
:-)	Feliz	I-)	Dormindo
:-(	Triste	:-i	Fumante
:-)>	Barbudo	:-j	Fumante sorrindo
%+	Espancado	:-6	Gosto azedo na boca
R-)	Óculos quebrados	*-)	Drogado
:-^)	Nariz quebrado	:-/	Indeciso
I:-)	Sobrancelhas espessas	:-(#)	Usando aparelho dentário
:-t	Mal-humorado	;-)	Piscando
X-)	Estrábico	:-7	Sorriso irônico
:'-(	Chorando	I-O	Bocejando
I-)	Detetive	@}	Enviando uma rosa para alguém
:-e	Desapontado	_m^._.^m_	Espiando por cima do muro

Tabela 3.1 - Linguagem com sinais especiais na Internet.

CAPÍTULO 3

Quem ler o livro *A Linguagem e a Internet*, de David Crystal perceberá que ele enfatiza muito que a rede de computadores possibilitará uma **expansão** da criatividade sem precedentes na história.

Assim o *chat*, por exemplo, evidencia que a Internet é fundamentalmente diferente de tudo o que já se observou nas relações interpessoais mediadas pela tecnologia.

No discurso tradicional, a menos que se esteja presenciando uma balbúrdia ou uma briga oral, fala uma pessoa por vez.

Porém, nas salas de bate-papo podem surgir 30 ou mais mensagens nas telas das pessoas das mais diferentes partes do mundo.

E o que é incrível, é que é possível conversar com todos, falar privadamente com alguns ou simplesmente ler o que está escrito.

Nunca na história da comunicação do mundo foi possível ter tantas conversas ao mesmo tempo entre pessoas de nações nos extremos opostos do planeta e com aquelas do próprio país!!!

OBSERVAÇÃO IMPORTANTE – A NETIQUETA

Os códigos mais óbvios para uma etiqueta de determinada cultura são os seus **sistemas de etiqueta**.

É claro que no caso da Internet esses códigos não se referem tanto ao garfo adequado para se comer uma sobremesa, mas o modo de as pessoas demonstrarem respeito umas pelas outras, por exemplo, numa discussão em grupo num aprendizado *online*.

Na Internet surgiu um sistema de códigos tácitos popularmente conhecidos como *netiqueta* (*netiquette*).

Existe muita discussão sobre quão profundamente essas regras de netiqueta foram assimiladas pela comunidade Internet, e em particular por aqueles que estão no ensino *online*, instruindo ou aprendendo, porque o meio é impossível de ser controlado.

CAPÍTULO 3

Mas na Internet, como na sociedade, códigos são mantidos não através de controle, mas através de acordos.

Assim, membros de uma cultura concordam em manter certos comportamentos para assegurar os seus direitos.

A Internet tem sido tão duramente criticada e ameaçada de censura tantas vezes, que esses códigos foram adotados mais rapidamente do que teriam sido sem essa atenção.

Os *N-Geners* (pessoas pertencentes à geração que tem hoje de 5 a 25 anos) levam a netiqueta a sério.

Um dos motivos dessa ênfase (talvez o principal...) na netiqueta é que os *N-Geners* têm uma consciência quase exagerada da interferência da legislação do *software* e dos adultos que poderão restringir os direitos dos jovens na Internet.

A preocupação de que alguns poucos maus arruinem a Internet para todos é fonte de contínua frustração para muitos *N-Geners*.

Eles buscam, pois, de todas formas, que nos bate-papos e nos *e-mails* enviados tudo ocorra com muito respeito.

Com a netiqueta, assim como com a etiqueta, o respeito pelo próximo se traduz em respeito pelos seus direitos.

Dessa maneira em alguns *sites* encontram-se mensagens do seguinte tipo:

➡ "Este é o meu *site*.

Ao se conectar com ele, espero que você respeite as regras que estou impondo, assim como também não vou invadir a sua casa ou causar algum distúrbio no seu *site*."

➡ "Acho que o seu servidor na Internet é como sua casa ou negócio, ou qualquer outro lugar onde jovens fazem ponto, e deve ser dirigido segundo suas regras.

Você deve ter o direito de censurar o que desejar e, caso as pessoas não queiram seguir essas regras, podem ir a outro lugar.

Caso alguém esteja perturbando a ordem, você deve ter o direito de banir essa pessoa.

Da mesma forma, elas devem ter o direito de colocar qualquer coisa que seja legal em seus *sites*."

CAPÍTULO 3

Por exemplo, comumente os direitos e obrigações num fórum interativo são estes:

Claro que você conhece as regras de netiqueta ou não estaria aqui.

Tudo se resume à regra básica:

"Trate as pessoas como você mesmo gostaria de ser tratado.

Você tem direito de externar suas opiniões.

Você tem direito a uma platéia.

Espera-se que você aprenda alguma coisa.

Espera-se que você ensine alguma coisa.

Você tem o direito de discordar.

Você tem o direito de responder.

É seu privilégio mudar de opinião.

É seu privilégio permanecer em silêncio."

Realmente, no aprendizado *online* sem dúvida deve-se seguir a netiqueta indicada!!!

3.2 – ENTROSANDO OS APRENDIZES COM OS RECURSOS DISPONÍVEIS E OS CUIDADOS QUE DEVEM TOMAR

A primeira coisa que o professor deve fazer é, através de carta ou de um telefonema, entrar em contato com os alunos inscritos e enfatizar-lhes que irão participar de um curso *online*.

Para tanto o aluno deverá ter o **hardware** e o **software** mínimos para que possa participar adequadamente do curso.

"Descobrir a senha de acesso do computador central do Departamento de Defesa dos EUA, não fazia parte da sua tarefa."

Além disso, necessitará de um apoio técnico, que será dado pelo pessoal da IE, e às vezes pelo próprio professor.

O professor deveria também, antes de começar o seu curso, entrevistar todos os aprendizes inscritos sobre a sua familiaridade com os computadores, avaliando o nível de proficiência de cada um.

Esta informação será muito útil para nivelar mais tarde a capacidade tecnológica de todos os colegas virtuais.

Por carta ou telefonema, bem como em sua apresentação resumida sobre o curso, o professor não pode esquecer de incluir a informação sobre o nível do conteúdo a ser apresentado, se são necessários pré-requisitos de conhecimentos anteriores, o que espera de cada um dos aprendizes no tocante à sua participação, ou seja, seu envolvimento com o curso, bem como uma descrição de que tipo de atividades e projetos os estudantes vão participar.

O professor precisa apresentar um resumo ou programa do curso que seja bastante flexível, que permita uma exploração com maior ou menor profundidade de certos tópicos, a fim de possibilitar que os aprendizes estabeleçam sua própria agenda de aprendizado, querendo eles mesmos conseguir mais conhecimento num certo assunto do que em outro!?!?

Esta flexibilidade permitirá que consigam alcançar as suas próprias metas e objetivos.

O programa deve conter o planejamento das atividades de cada aprendiz, e também onde encontrar o apoio técnico. Quer dizer, será o verdadeiro **"manual de primeiros socorros"** do estudante.

Essa informação contida no programa do curso deve agir como se fosse uma "ferramenta de seleção", isto é, quer ajudando tanto o aluno a se adaptar ao mesmo, quer mostrando como ele irá atender às necessidades do aprendiz-cliente.

Ao se ensinar num ambiente interativo *online* é imprescindível que se crie uma comunidade segura e confiável dentro da qual os aprendizes possam compartilhar suas experiências, opiniões e idéias relacionadas ao curso.

É muito importante auxiliar os estudantes a desenvolver as relações pessoais com seus colegas, de maneira que todos eles possam manifestar-se livremente e **aprender em conjunto.**

O que estamos dizendo é que existe uma linha de conduta que cabe ao professor estabelecer sobre o montante e o tipo de informação que os participantes de um curso deveriam compartilhar publicamente e de maneira privada com o seu grupo de aprendizado.

CAPÍTULO 3

Numa aula face a face, as palavras são **ditas** e **esquecidas, e comumente não são registradas.**

Além disso, cada um pode ver quem está na sala e ouvir toda a conversação.

Entretanto numa aula *online*, toda a conversação é registrada e mantida.

Em alguns casos, pode-se ter outras pessoas recebendo e interagindo com as informações e opiniões emitidas numa sala *online*.

Em outras palavras, embora a comunicação *online* possa parecer segura para os olhos de quem está fora, existe uma grande possibilidade de revelar-se algo para o mundo exterior, bem maior do que no caso de uma aula face a face.

Portanto, é essencial para o professor e para os aprendizes estarem cientes disto: as informações que trocam entre si podem chegar a outras pessoas, inclusive a outras IEs e a outros professores...

Por conseguinte, **cada um poderá colocar a si mesmo em um certo risco indevido.**

Apesar desse "perigo" , cabe ao professor estabelecer todas as orientações para que cada participante saiba enviar os seus comunicados, até uma grande quantidade deles, pois este é um aspecto muito importante do ensino e do aprendizado *online*.

Ao fazer isto, estará repassando aos aprendizes um sentido de conhecimento e a estrutura para que possam participar das discussões *online*.

Nestas orientações deverão estar incluídas as explicações sobre a extensão das respostas *online*, os formatos para se conectar com os arquivos, a natureza das dificuldades que podem ocorrer nas discussões, o último prazo para fazer qualquer tipo de comunicação, etc.

O professor deve arranjar o conteúdo do seu curso em módulos, unidades ou capítulos com o objetivo de estabelecer para os seus aprendizes uma estrutura e um sentido de seqüência de como o conteúdo está organizado.

Deve estar seguro de que está continuamente passando a cada aula trechos razoavelmente pequenos de todo o conteúdo, de maneira que as tarefas atribuídas aos alunos estejam dentro dos limites de realização de cada um deles.

Ao estabelecer a estrutura toda do curso e subdividi-la em uma série de atribuições e ensinamentos relativamente pequenos, o professor terá como resultado a manutenção contínua do envolvimento dos seus aprendizes com o curso.

Quando definir a ordem na qual vai apresentar o conteúdo do seu curso, é de bom alvitre que o professor escolha as partes melhores e mais interessantes para serem dadas logo no começo, e assim possa criar uma grande atenção nos aprendizes.

Ademais, como já foi ressaltado, é necessário que as leituras a serem feitas bem como todo o conteúdo sejam subdivididos em "pedaços" de tamanho adequado, isto é, que o estudante tenha tempo suficiente para assimilar o conhecimento contido nos mesmos e, além disso, para responder a todas as tarefas associadas àquela aula.

Pesquisas recentes têm mostrado que uma pessoa normal pode ler aproximadamente 20 páginas por hora de um texto que não seja de ficção e assimilar o seu conteúdo.

Para um texto de ficção, este número sobe para até 50 páginas por hora.

O professor de um curso *online* deve valorizar muito o tempo, tendo que estar sempre preocupado com a dinâmica do gerenciamento do tempo, tanto o seu como o dos seus aprendizes.

Dependendo do tipo de curso que o professor esteja planejando (focado no conteúdo ou no processo), deve levar muito em conta as datas nas quais devem ocorrer os diversos eventos de aprendizado.

Assim, para os cursos focados no conteúdo, o professor deve usar o enfoque cronológico para distribuir o conteúdo dos mesmos ao longo do período estipulado.

Já para os cursos focados no processo, o professor pode começá-los com um conjunto de competências que podem ir desde a mais simples até a mais complexa, seguindo um certo processo de explanação.

De qualquer forma, o essencial é que o professor consiga dividir todo o conteúdo do curso em módulos ou unidades que possam ser "digeridas" em intervalos de tempo relativamente curtos, para que os aprendizes possam gerenciar adequadamente os diversos marcos do curso.

É vital também que na informação prévia recebida pelos alunos, além das datas – nas quais serão vistos certos tópicos – estejam também os prazos finais para que as tarefas correspondentes aos mesmos já tenham sido concluídas.

Aliás, alguns instrutores estabelecem para cada semana um dia no qual se deve **acabar de ler tudo,** e um outro depois do qual **não se pode enviar mais nada para o instrutor**.

CAPÍTULO 3

Em última instância, são os aprendizes os responsáveis por fazer todas as tarefas atribuídas no curso, todavia o instrutor tem um papel importante no sentido de facilitar por meio da sua adequada orientação a execução desses trabalhos.

Entre as tarefas atribuídas aos aprendizes podem constar: elaboração de textos críticos, envio de projetos, atividades em grupos, elaboração de um jornal virtual, compartilhamento de recursos etc.

REFLEXÃO – UNIVERSIDADE REMOTA

Frederic Michael Litto fundou, na Universidade de São Paulo (USP), a Escola do Futuro (www.futuro.usp.br), que no fundo é um laboratório que investiga e aplica as novas tecnologias de comunicação, sempre procurando alcançar condições mais eficazes para promover a educação no Brasil.

Frederic Michael Litto é bacharel em rádio e televisão pela Universidade da Califórnia, e professor-titular da Escola de Comunicações e Artes na USP, há mais de três décadas, sendo pois um especialista em **educação a distância** (EAD) tendo inclusive exercido o cargo de presidente da Associação Brasileira de Educação a Distância (ABED) por dois mandatos.

Numa entrevista concedida à revista *Ensino Superior* (n° 23) do Sindicato das Entidades Mantenedoras de Estabelecimentos de Ensino Superior do Estado de São Paulo (SEMESP), disse o professor Frederic Michael Litto:

"A EAD tem pilares fortes e antigos aqui no Brasil. Começou, creio que na década de 40, com os cursos de correspondência do Instituto Monitor e do Instituto Universal Brasileiro, que continuam o seu trabalho até hoje, para uma determinada faixa de população, ou seja, pessoas que não navegam na Internet, mas são acessíveis pelo correio.

Com o advento da Internet, sem dúvida a EAD deu um salto.

A Escola do Futuro já frisou que a Internet era boa para a EAD, bem antes de ela ter se tornado este fenômeno atual.

CAPÍTULO 3

De fato, existem alguns exemplos de excelência em EAD sem ser pela Internet no Brasil, como é o caso do *Telecurso* que usa a televisão e que tem formado **algumas centenas de milhares de alunos por ano.**

Porém, a Internet trouxe uma nova realidade para a EAD, pois diferentemente da TV, que obriga o aluno a estar em determinado lugar e hora do dia para assistir à programação, o conhecimento na rede pode ser buscado a qualquer momento.

Sempre se divulgou e pensou que a EAD seria muito importante para os países de grande extensão territorial.

Isto é verdade só em parte, pois o país que mais intensamente usa o aprendizado *online* atualmente é a Holanda, nação de dimensões pequenas, porém devido à flexibilidade do *e-learning* e do alto poder aquisitivo do holandês, está derrubando todos os conceitos de aprendizado tradicional lá existentes.

Claro que a Internet está mudando o padrão de aprendizagem e até o material que é disponibilizado para a leitura está perdendo um pouco a sua importância.

A grande aprendizagem está acontecendo entre os próprios alunos, que trocam *e-mails* e conversam nos *chats*.

O professor passa a ser o *designer* do curso e assume uma posição de retaguarda, de **orientador**.

Nessa história toda existe uma curiosidade.

Todos somos primatas(!!!) e há várias pesquisas sobre aprendizagem envolvendo macacos, que mostram que eles não aprendem com os mais velhos e sim com os seus pares, pela troca de experiências lúdicas.

Nós seres humanos, também somos assim quando se trata de aprender alguma coisa.

É mais natural aprender por meio de atividades interessantes com aqueles da mesma faixa etária e com o mesmo grau de conhecimento.

Entretanto, não devemos também supervalorizar a Internet e não podemos achar que tudo que o aluno precisa pode ser achado nos *sites*.

A Internet não está ainda conseguindo substituir uma biblioteca universitária. E na minha opinião, a EAD não irá substituir o aprendizado convencional, ficando porém como uma excelente alternativa para aqueles que não querem ou não podem deslocar-se até uma IE.

CAPÍTULO 3

Acho ainda que apesar das universidades estrangeiras já possuírem bastante experiência e tecnologia em EAD, essas IESs não vão dominar o mercado brasileiro de educação, pois as nossas faculdades tradicionais possuem bons cursos em português, mas por outro lado precisam apresentar cursos com idéias mais inovadoras para serem competitivos.

Um outro ponto que precisa de muita atenção para se desenvolver uma boa EAD é ter um **novo tipo de professor.**

Na realidade a EAD precisa de uma equipe com no mínimo três pessoas: um professor responsável pelo conteúdo, um roteirista que organize a ordem desse conteúdo, e um *designer* ou *webdesigner*, que faça a inclusão dos gráficos e dos vídeos.

Quero ressaltar, contudo que a desconfiança do mundo educacional brasileiro em relação à EAD está com os dias contados.

É óbvio que é preciso tomar todos os cuidados para na EAD não se abrir mão da qualidade, porém ela é uma vantajosa solução que possibilita que milhões de pessoas possam ter acesso ao conhecimento, e com isto tenham ascensão social e condições para gerar mais riqueza para o País."

OBSERVAÇÃO IMPORTANTE – AS POSSIBILIDADES DE APRENDIZADO *ONLINE*

O aprendizado *online* permite estudar em casa, bem como possibilita ser professor pela rede.

São inúmeras as ofertas para obter ou um diploma estrangeiro, ou até conseguir um "canudo brazuca", ou ainda fazer algum curso de língua estrangeira, um "reforço" em alguma disciplina, ou mesmo aprender culinária de maneira virtual!!!

Entre algumas universidades estrangeiras renomadas, aí vão algumas sugestões:

➡ University of Maryland – www.umnc.edu

Dizem alguns que é hoje a maior universidade dos EUA em número de estudantes e graduados.

Possui cursos técnicos e de graduação.

➡ Massachusetts Institute of Technology (MIT) – www.mit.edu

O famoso MIT está começando a oferecer de forma virtual alguns cursos de um total de 2.000 que está programando nas áreas de arquitetura, artes, engenharia, ciências, administração e ciências.

➡ Penn State University – www.psu.edu

A universidade oferece cursos técnicos, de graduação e da pós-graduação, tendo uma enorme variedade de cursos a distância, porém nem todos eles são inteiramente *online*.

➡ Cardean University – www.cardean.edu

Seus cursos têm o aval de cinco das melhores universidades do mundo, pois são o resultado de um convênio entre as universidades de Columbia, de Chicago, de Stanford, a London School of Economics e a Carnegie Mellon.

O foco das aulas está na área de negócios.

➡ Jones International University (JIU) – www.jonesinternational.edu

Há quem diga que a JIU foi verdadeiramente quem estruturou de maneira concreta a educação *online* e que ela continua "pavimentando" o caminho neste espaço...

Hoje ela está oferecendo o mestrado de educação com um curso totalmente *online* criado com o auxílio das melhores cabeças, ou seja, de professores de universidades como: Georgetown, UCLA, Carnegie Mellon, Thunderbird e London School of Economics.

cAPíTULo 3

Na realidade, ela oferece seis cursos diferentes para se tornar mestre em *e-learning* nas seguintes áreas:

- treinamento corporativo e gestão do conhecimento;
- tecnologia e *design*;
- administração e liderança global;
- pesquisa e avaliação;
- gestão de recursos e informações;
- generalista em *e-learning*.

A JIU é acreditada pela The Higher Learning Commission, que é membro da North Central Association, uma agência de acreditação regional dos EUA.

Até agora, a JIU já recebeu matrículas de estudantes de 113 países diferentes!!!

➡ Capella University – www.capellauniversity.edu

A Capella é uma universidade virtual norte-americana com centenas de cursos, com mais de uma dezena sendo MBA.

É possível optar entre o geral ou os especializados em *e-business*, finanças, tecnologia da informação, liderança, *marketing* internacional entre outros.

➡ Open University – www.open.ac.uk

Ela oferece cursos de graduação em áreas tão variadas como biologia, política, história da arte e engenharia.

A duração média para se obter um diploma é, porém, de três anos!?!

➡ Oxford University – www.ox.ac.uk

O Instituto de Internet da conceituada universidade já começou a operar e é aberto para alunos e professores do mundo todo.

O projeto de ensino envolve aulas nas quais se conversa com especialistas de várias partes do mundo e o uso de bibliotecas localizadas em diversos países.

No Brasil, algumas universidades federais como a do Mato Grosso (www.ufmt.br), a do Paraná (www.ufpr.br) e a do Pará (www.ufpa.br) já oferecem alguns cursos *online* como os de pedagogia e de matemática.

Já está constituída a UniRede (www.unirede.br), um convênio de 62 universidades públicas federais com cursos direcionados a professores.

Temos no Brasil também a Universidade Virtual do Brasil (www.uvb.br), que é fruto da união de dez universidades particulares.

Ela está oferecendo especialização em gestão ambiental, moda, saúde, tecnologia e educação.

Os cursos de idiomas invadiram a Internet, vale dizer, está sendo possível aprender uma língua estrangeira em um *chat*.

Quem quiser estar a par não só dos melhores cursos *online*, mas também conhecer *sites* deveria ser leitor(a) da revista *Web!* da Editora Abril, que está sempre muito atualizada.

Assim saberá que a Cultura Inglesa Online é um curso pioneiro de ensino de inglês pela Internet no Brasil, oferecendo cursos *online* até cinco **vezes mais baratos** do que os presenciais, ministrados em 38 cidades brasileiras.

O seu aluno virtual tem recursos como *chat* com suporte à voz, cinco dicionários *online*, professor disponível o tempo todo, fórum, jogos e até lições via Palm.

O *site* da Cultura Inglesa é www.culturainglesaonline.com e já conta com mais de 7.000 alunos virtuais, e existem outros 75.000 da rede presencial que usam as atividades *online* como **complemento** ao conteúdo dado em classe.

Já está em estudo o suporte a *webcams* para uma melhor comunicação entre o aprendiz e o professor.

No *site* existem 23 opções de cursos, desde regulares até preparatórios para exames, como o TOEFL (*Test of English as a Foreign Language*) e o IELTS (*International English Language Testing System*) e os específicos para negócios e viagens.

Cada módulo dura, em média, 30 horas.

Um outro curso de bastante renome é o Englishtown do Brasil que já conta com mais de 12.000 alunos, sendo este o segundo curso da rede EF, empresa mãe dessa escola virtual que registra "sinais" de 2 milhões de usuários (incluindo-se aí os de aulas grátis) em 120 países.

CAPÍTULO 3

O seu *site* (www.englishtown.com) oferece diversos tipos de cursos em seis níveis de dificuldade.

Existem opções para quem vai viajar, para executivos (neste caso, com material do Harvard Business School) e específicas para determinados tipos de indústria.

Todos com certificado da Universidade de Suffolk.

O seu grande diferencial, no início de 2002, era o seu *chat voice*, um canal de bate-papo no qual pessoas do mundo todo conversam em inglês, a qualquer hora do dia ou da noite, sendo este o tipo de coisa que não existe numa escola tradicional de idioma!!!

Há também o Global English (www.globalenglish.com), e esta empresa fundada por ex-executivos de empresas produtoras de *software* educacional tem feito uma série de acordos corporativos no Brasil.

Para pessoa física, oferece sete módulos de inglês geral, mais onze com foco em negócios, além de testes preparatórios para os exames IELTS e TOEFL.

Entre os recursos multimídia destacam-se o reconhecimento de voz para avaliação da pronúncia, testes com resposta imediata, professor disponível o tempo todo, *chat*, dicionários e tradutor *online*.

Claro que existem cursos *online* de outros idiomas, como é o caso do Deutsche Welle (www.dwelle.de/brasil), com cursos de alemão básico, intermediário, avançado e comercial e praticamente de graça, ou então o Parlo (www.parlo.com) com cursos de italiano, francês e espanhol.

Empresas de treinamento e capacitação executiva, como a HSM, também têm agora programas de ensino *online*.

O presidente da HSM, Carlos Alberto Júlio, explica: "A HSM Education (www.hsmeducation.com.br) oferece cursos elaborados pelos maiores gurus em administração do mundo, entre eles Michael Porter, Lester Thurow, Philip Kotler, Tom Peters e Ben Shapiro, só para citar alguns. Comumente um alto executivo não tem tempo para ler um artigo de 20 páginas produzido em Harvard. O que nós fazemos? Adaptamos, aprovamos com o autor e damos o pulo-do-gato para o aprendiz. Nós não somos geradores de conhecimento, mas disseminadores de conceitos.

Já temos algumas centenas de cursos contratados por pessoas físicas e pelas empresas.

Atualmente o HSM Education está oferecendo apenas dez módulos, mas vamos nos expandir muito.

O aluno recebe uma senha com a qual pode abrir a página de estudos que contém: apostila pronta para imprimir, as atividades que deve executar, glossário, área de perguntas e respostas, fórum para discussão com outros alunos e um canal de comunicação com o tutor.

O guru não responde diretamente, mas por intermédio de um profissional especialmente treinado por ele.

A média de duração de cada curso é de três horas, e, ao final, o estudante passa por uma avaliação e recebe o certificado do HSM."

Já existem no Brasil muitas outras empresas, como por exemplo a SIM Incentive Management, que em parceria com a ANKH Leadership oferece várias opções de cursos *online* como: *Criatividade, Aprender a Mudar, Gestão de Tempo, Solução de Problemas* etc.

Durante os cursos, o aluno tem testes, relatórios de progresso, um programa de estudos personalizado e uma série de trechos de áudio antiestresse, a *Meditação Online.*

O SENAC (www.ead.sp.senac.br/informatica) ou (www.ead.sp.senac.br/business) está apresentando cursos de informática e de *e-business.*

O SENAI (www.senai.br) não fica atrás e já tem cursos de Comunicação Empresarial e Metodologia e Análise de Resolução *online,* e quem quiser mais informações deve entrar no *site* (www.firjan.org.br/educadist).

Agora, o que realmente está começando a explodir são *cursos online* sobre jardinagem, literatura, enologia, funcionamento de automóvel, solução de problemas cotidianos (tirar manchas, trocar o gás, usar videocassete, etc.) ecoturismo, cultivo orgânico de plantas, criação de peixes, etc.

Aí está, sem dúvida, uma grande oportunidade para cada professor entrosado com o *e-learning* realizar talvez o seu sonho, ou seja, **abrir a sua própria escola na Internet.**

Que grande idéia, não é, caro(a) leitor(a)?

E também surge uma nova oportunidade de trabalho para os professores no campo da tradicional aula particular, que agora será chamada de **reforço virtual.**

Aliás, no Brasil já existem o Tira-dúvidas (www.educacional.com.br); a Escola 24 horas (www.escola24horas.com.br), um *chat* com pais, alunos e professoras, além de dispor de mestres de plantão, a Online University, (www.onlineuniversity.com.br), que oferece testes simulados grátis e muitos outros...

CAPÍTULO 3

E você, estimado(a) professor(a), quando vai montar o seu *site* de primeiros e contínuos socorros no assunto que domina?

Gostou dessa outra idéia?

Que bom, porém coloque-a logo em prática.

Caso o(a) leitor(a) queira saber outras opções de cursos *online* deve consultar o *site* da Associação Brasileira de Ensino a Distância (ABED) – www.abed.org.br/cursos.online.htm – na seção Biblioteca.

Uma outra boa fonte é o livro *Guia Brasileiro de Educação à Distância* (www.guiaead.com.br), à venda *online*.

Também vale a pena recorrer ao *site* Central de Cursos (www.centraldecursos.com.br), que apresenta opções tanto *online* como *offline* em todo o Brasil.

3.3 – ESTRATÉGIAS PARA A AVALIAÇÃO DOS ALUNOS NUM CURSO *ONLINE*, O ACOMPANHAMENTO DO SEU PROGRESSO E A MELHORIA DO MESMO

A avaliação é o processo de obter informação sobre o valor acrescido ou a qualidade do aprendizado ou instrução.

Fazer a avaliação do processo de ensino e de aprendizagem é muito importante.

Por quê?

Porque só assim é que o professor pode tomar decisões corretas que possibilitem aumentar o valor ou a qualidade da instrução oferecida.

"Eu não te avisei que 'baixar' todas as imagens do *site* da NASA sobre o espaço sobrecarregaria a memória do seu computador?"

A avaliação ajuda a identificar as partes do conteúdo todo que não estão claras ou são confusas, reconhecer os tópicos que necessitem de revisão e obter as evidências das quais o professor precisa para providenciar essas mudanças.

cAPíTULO 3

À medida que o professor começa a fazer o *design* do seu curso, ou seja, todas as atividades e tarefas do mesmo, deve obrigatoriamente avaliar seus aprendizes para assim ter acesso à eficácia do que está ensinando.

Existe hoje uma grande variedade de técnicas que o professor pode usar para avaliar o aprendizado dos seus alunos.

Essas estratégias podem também ajudar os estudantes a aumentar o seu aprendizado por meio da contínua auto-renovação e auto-avaliação.

O professor pode (e deve) avaliar seus aprendizes antes, durante e após o término da sua instrução.

A avaliação antes do início do curso – o que pode ser algum pré-teste – ajuda o professor a identificar o conhecimento pré-instrucional que possuem os estudantes e os seus níveis de aptidão.

Isto auxiliará muito o professor a saber que tipo de suporte complementar deve dar aos tópicos principais do seu curso, para que eles sejam bem entendidos pelos futuros aprendizes.

A avaliação durante o curso é essencial e pode ser denominada de **avaliação de formação,** ajudando muito o professor a identificar o conhecimento e as habilidades que os estudantes já adquiriram até a data da avaliação. Esta avaliação é importante, pois também:

- possibilita determinar se é necessário ou não introduzir mais informações no conteúdo;
- dá um *feedback* ao professor sobre o processo de aprendizado dos alunos;
- evidencia se os estudantes necessitam de algum reforço ou mais exercícios em certos tópicos do conteúdo;
- redireciona a atenção dos aprendizes para os pontos fracos.

A avaliação **depois do curso** pode ser chamada de **avaliação conclusiva,** uma espécie de "provão final", e mede o que os aprendizes realmente aprenderam, permite dar as notas finais e revisa o novo conhecimento e as aptidões que os estudantes adquiriram ao participar do curso.

Portanto, o instrutor, para garantir a eficácia de seu novo curso, deve avaliá-lo **antes** (com um teste-piloto), **durante** (avaliação formativa) e **depois** (avaliação conclusiva).

CAPÍTULO 3

Uma boa receita para promover um ciclo contínuo de melhoria de um curso é o professor ter respostas para as seguintes perguntas:

1. Antes da instrução.
a) Qual é a probabilidade de a instrução ser bem assimilada?
b) O conteúdo do curso manterá os aprendizes motivados para aprender e lhes interessará?
c) Existe alguma forma alternativa para estruturar a instrução a fim de se poder fazer um melhor uso do tempo e dos recursos disponíveis?

2. Durante o ensino.
a) Quais são os obstáculos que encontram os aprendizes e como podem ser sobrepujados?
b) O que pode e deve ser feito para manter alto o nível de motivação de cada estudante?
c) Como se pode ajudar os aprendizes a melhor assimilar os assuntos apresentados e a progredir mais rapidamente com a instrução recebida?

3. Após o término do curso.
a) Quais são as melhorias que podem ser introduzidas na instrução para um curso futuro?
b) Quais são os tópicos prioritários para serem revistos?
c) Os aprendizes acharam o método de instrução interessante, valioso e significativo para eles?
d) Os métodos de ensino, os materiais distribuídos e os meios de comunicação utilizados foram úteis para facilitar o aprendizado dos estudantes?

Como exemplos práticos das técnicas que devem ser aplicadas para se ter uma avaliação do aprendizado e saber se está sendo eficaz, destacam-se as seguintes:

I – Utilização de testes e questionários.

Para se perceber a evolução dos aprendizes, uma forma bem simples é a de submetê-los a constantes questionários que são colocados na *Web*, e que chegam aos mesmos por *e-mail* ou pelo correio tradicional caso se trate de algo especial no sentido de se manter sigilo.

Esse questionário pode ser constituído por testes do tipo verdadeiro-falso, múltipla escolha, combinação das opções, completar espaços em branco ou perguntas que exijam respostas breves.

Ao desenvolver questionários *online*, o professor precisa ter a certeza de que as questões estão efetivamente relacionadas com os objetivos do aprendizado.

Além disso, deve estar plenamente convencido de que está utilizando uma vocabulário adequado para todos os estudantes, e que não haverá nenhum tipo de dúvida por parte deles para responder às perguntas formuladas.

II – Elaboração de composições ou ensaios curtos.

Ao pedir que os aprendizes elaborem ensaios, o professor pode acessar as suas aptidões de elevado nível cognitivo.

Dessa maneira, ele pode usar os ensaios para fazer com que os seus aprendizes analisem, reflitam, comparem, justifiquem, construam, compilem, interpretem ou estabeleçam conclusões.

O instrutor, ao utilizar os ensaios para mensurar as competências dos seus aprendizes, deve ser bem claro, dando orientações específicas, declarando o que quer que seja feito.

Isto significa que deve usar verbos como: definir, contratar, comparar, formular, discutir, analisar, etc.

Então não há como os estudantes não fazerem o que o mestre espera que eles façam...

Além disso, no tópico "uso de ensaios para avaliação dos alunos", é necessário dar-lhes algumas opções para que possam escrever sobre os tópicos que mais lhes interessem.

Assim, é conveniente dirigir o foco para as perspectivas pessoais caso o objetivo seja o de auxiliar os aprendizes a expressar e formular suas opiniões e atitudes.

É necessário que o instrutor use um critério bem abrangente ao dar notas aos ensaios dos seus alunos.

Uma maneira recomendável é que ele veja todas as respostas ou idéias dos seus alunos para uma particular questão, sucessivamente, para poder comparar todas as respostas dos aprendizes seguindo o mesmo critério.

Não deve, pois, ler as respostas para todas as perguntas dadas por um estudante, para então passar à próxima correção completa de outro aluno, e assim continuamente, pois correrá o grande risco de elaborar uma avaliação não muito consistente, em especial se forem muitos os alunos.

III – Uso de portfólios.

O portfólio é uma compilação de trabalhos desenvolvidos pelo aprendiz, nos quais ele demostra o que sabe ou pode fazer.

O portfólio evidencia o esforço que o aprendiz fez para aprender, seu desenvolvimento ou os avanços que conseguiu desde o início do curso, mostrando a sua evolução, isto é, se já alcançou o nível de desempenho desejado até aquela data.

Ao usar a estratégia do portfólio no ensino *online,* o professor deve estar convencido de que está envolvendo os seus aprendizes de tal forma que lhes possibilite escolher o que gostariam de incluir nos seus portfólios.

É por isso que no início do curso o professor deve revelar aos seus estudantes o critério que estará usando para avaliar seus portfólios.

O professor também precisa estar seguro de que os seus aprendizes sabem refletir e auto-avaliar seu progresso ao longo do curso, fixando uma data para esse trabalho.

IV – Recorrer à avaliação de desempenho.

A avaliação do desempenho envolve o acesso à aptidão que o aprendiz necessita ter para cumprir uma específica tarefa.

É uma técnica que requer que o aprendiz saiba não apenas **o que fazer,** mas também **como fazer algo.**

As avaliações de desempenho geralmente referem-se a tarefas psicomotoras ou físicas, e o que vem imediatamente à mente de quem está lendo este livro é que num ambiente *online* não dá para fazer tal tipo de avaliação.

Porém isto não é nem impossível, nem tão difícil como se pode pensar.

Hoje já é possível fazer (até com certa facilidade...) com que os aprendizes gravem as suas vozes em arquivos e conectem os mesmos a um *e-mail* ou então os enviem para um sistema de conferência.

A mesma coisa pode ser feita com a gravação de movimentos num formato de vídeo.

Caso o professor venha a utilizar este tipo de avaliação, tem que definir de forma específica e bem clara o que os seus aprendizes devem fazer, descrever o formato dos arquivos que eles devem criar, e esclarecer como irá medir o desempenho dos estudantes.

Claro que deverá utilizar uma lista de verificação-padrão de desempenho, acompanhada por um sistema de pontuação.

O professor pode ainda fazer uma lista de tarefas ou comportamentos que **não** devem ser observados numa relação à parte, e aí dá esta lista e o sistema de contagem aos seus aprendizes **antes** que eles comecem a desenvolver as suas habilidades.

V – Usar entrevistas.

As entrevistas são conduzidas com uma pessoa fazendo perguntas e uma outra respondendo.

Também alguém pode pensar que é difícil fazer entrevistas *online*, porém este não é o caso.

O professor e os aprendizes podem levar avante as entrevistas num evento síncrono, ou seja, num sistema de conferência virtual, usando um ambiente baseado em texto, em vídeo, em áudio, ou então em áudio e vídeo.

Existem hoje sistemas que têm a capacidade de salvar todo o texto, o áudio e/ou vídeo.

Sem dúvida que para conduzir uma entrevista *online* o professor precisa desenvolver um conjunto de perguntas que cubram objetivos bem específicos.

VI – Utilizar diários.

Os diários são registros que os aprendizes elaboram à medida que lidam com alguma experiência de aprendizado.

Por exemplo, os aprendizes num curso orientado para o processo podem precisar adquirir uma específica aptidão que implique a criação de um produto, etapa por etapa.

No fim de cada etapa, os aprendizes precisam expressar seus pensamentos e o que sentiram sobre o que ocorreu durante o processo.

É nesse tipo de avaliação que se promove a auto-reflexão, e ela é uma boa ferramenta para ser usada durante os estágios de formação do aprendizado do estudante.

VII – Usar anotações para possibilitar a reflexão.

As **anotações reflexivas** documentam os processos de aprendizado dos participantes durante um curso *online*.

No final do curso, os aprendizes compilam todos os registros acumulados ao longo das suas experiências de aprendizado.

CAPÍTULO 3

Eis alguns elementos que o professor pode pedir que sejam ressaltados nas anotações reflexivas dos aprendizes.

➡ Um sumário dos temas comuns analisados nos diários (jornais) *online*, que talvez o aprendiz já tenha feito para um módulo ou para um certo estágio de desenvolvimento. Neste sumário o aprendiz pode incluir exemplos ou extratos do que descreveu nos seus diários.

➡ Uma análise do aprendizado do participante no curso *online* com respostas para perguntas do tipo:

- O que você pode fazer agora e o que sabe agora?
- Se fosse convidado para a função de auxiliar do professor para um novo curso o que mudaria no conteúdo do curso, nas tarefas atribuídas e atividades desenvolvidas?
- Qual foi a sua maior realização concernente ao processo do curso?
- Por que julga que isto foi muito importante?
- Qual foi a mais importante aptidão que você aprendeu ou adquiriu?
- O que é tão significante nesta habilidade adquirida no curso?
- Qual foi o principal assunto ou tópico que você sente que deveria estudar num próximo curso semelhante a este?

➡ Uma reflexão sobre como as suas experiências como um aprendiz no curso influenciaram o seu próprio saber e/ou desempenho.

E aqui cabem perguntas como:

- Que coisas você gostaria de acrescentar ao seu saber e/ou aos seus hábitos?
- Que coisas você estaria determinado a eliminar dos seus costumes e atitudes sendo um educador/treinador/consultor de educação ou gestor educacional (ou outra profissão), como resultado do que aprendeu sobre certos tópicos nos últimos meses no curso?

➡ Certos comentários que você queira fazer sobre a sua experiência no curso.

VIII – Fazer a montagem do seu próprio *Web site*.

Com o uso cada vez maior da *World Wide Web* para a instrução, está ficando comum os professores dos cursos *online* encorajarem os aprendizes a desenvolverem *Web sites* para:

- educar uma audiência-alvo no seu campo profissional (aprender algo no seu próprio campo);
- executar um trabalho (aprender como se faz algo);
- apresentar os fatos (o que é o quê?);
- ensinar conceitos/definições (o que é?);
- mostrar procedimentos/etapas (como isto funciona?);
- fornecer princípios/orientações (o que faria um especialista neste caso?).

O professor pode avaliar os *Web sites* em relação ao seu conteúdo ou em relação ao seu *design,* ou a ambos.

IX – Recomendar o tempo de participação de cada aprendiz.

Durante um curso *online*, a participação de um aprendiz realmente tem um significado muito especial.

Eis porque é muito importante os aprendizes saberem que o professor sugere, para não dizer impõe, um número aproximado de horas que eles deviam estar *online* durante o curso.

Aliás, o professor normalmente estabelece também um número mínimo de comunicados por semana, o que torna a presença dos aprendizes menos ou mais conhecida pelas suas contribuições significativas para o curso, nas discussões e nas atividades de aprendizado propriamente ditas.

X – Usar a avaliação feita pelos colegas entre si.

Desde que a maior parte do aprendizado que ocorre num curso *online* interativo é aquela obtida colaborativamente, o professor pode dar aos aprendizes a possibilidade de avaliar uns aos outros pelas suas contribuições ao curso nas discussões e atividades em grupo.

Uma tal avaliação mostraria como está a participação de todos os membros da classe na visão deles próprios.

O professor neste caso deve ter em mente, contudo, que neste tipo de avaliação considera-se uma só fonte de contribuição dos alunos para as aulas.

cApÍTuLo 3

Além disso, quando o professor estiver revisando o *input* (entrada de informação) do aprendiz, é essencial que reconheça a subjetividade que cada indivíduo utiliza ao avaliar um colega.

Assim, é recomendável prover os alunos não apenas com ferramentas mínimas de avaliação, mas que também façam alguns comentários, de maneira que cada um possa explicar de maneira racional como atribuiu certas classificações aos outros estudantes.

XI – Usar a auto-avaliação de cada aprendiz.

A auto-avaliação dá aos aprendizes a oportunidade de refletir sobre o próprio aprendizado e as experiências vividas na classe virtual, em termos do impacto que têm nas suas notas.

É uma maneira muito boa de descobrir ou revelar a jornada interna de cada aprendiz.

De fato, em alguns casos esta jornada pessoal pode ser muito mais significativa para o professor do que aquela proveniente de uma observação externa.

XII – Atribuir notas às tarefas dadas aos aprendizes.

A atribuição de notas é um processo de avaliação do aprendizado por meio de testes, provas e tarefas aos quais são submetidos os aprendizes.

Para dar notas é necessário preparar testes ou tarefas relacionados com as metas do aprendizado, determinando os padrões e critérios para poder quantificá-los numericamente.

Naturalmente a idéia de submeter os aprendizes a estas provas tem o intuito de que eles sedimentem o conhecimento adquirido, bem como transformem o mesmo em hábitos para o desenvolvimento de novas aptidões.

A idéia de avaliar como está o aprendizado ao longo do tempo fazendo os estudantes responder a testes, é para poder-lhes dar um *feedback* sobre o que não aprenderam bem, corrigindo os seus erros e influenciando-os positivamente para que tenham mais motivação ainda de aprender.

Claro que quando eles recebem notas altas ficam mais motivados e alegres em vista do seu desempenho e progresso.

O professor pode dar notas em várias das atribuições que o aluno recebe no curso *online*.

As principais formas são as seguintes:

a) Avaliar os projetos ou trabalhos em grupo.

Este enfoque encoraja cada estudante a focar primordialmente a sua própria contribuição em relação às contribuições dos outros integrantes do time.

Contudo, também deixa aberta a opção para que cada aprendiz comente o aprendizado que acredita que os outros assimilaram.

O professor pode avaliar a participação de cada aprendiz no trabalho em grupo, fazendo-o manifestar-se sobre os seguintes elementos:

- O aprendizado que aconteceu foi: gerado individualmente, devido ao trabalho em equipe, por causa da profundidade do tema, ou devido a tudo isso junto?
- No que se refere ao estilo de apresentação do projeto, o que existe de criativo e diferente?
- No tocante ao conteúdo do projeto, ele é relevante para o curso? Qual é a profundidade do mesmo?

b) Desenvolver uma maneira para dar nota nos portfólios.

Para poder dar nota nos portfólios o professor pode utilizar os seguintes critérios:

- **Racionalidade**: fornecer o propósito do portfólio.
- **Metas/intenção**: definir as metas ou intenção do portfólio e fornecer os objetivos do processo (O que é que o aprendiz está tentando demonstrar?).
- **Conteúdo através de exemplos:** usar um certo número de exemplos que ilustrem a evolução do aprendiz (suas respostas, suas discussões, elaboração dos diários, etc.).
- **Padrões:** avaliar as contribuições quanto à qualidade e fazer uma revisão do progresso do aprendiz.
- **Auto-reflexão/auto-avaliação:** incluir o sumário dos diários escritos ao longo das muitas semanas do curso.
- **Julgamentos:** fornecer uma orientação reflexiva, o projeto e a nota do curso.
- **Organização:** desenvolver o conteúdo e mostrá-lo de maneira lógica e sistemática.

cAPíTuLo 3

c) Estruturar uma forma para dar notas nas anotações reflexivas.

O professor pode neste caso utilizar os seguintes critérios:

- **Conteúdo:** preencher os requisitos e ser compreensivo.
- **Organização:** desenvolver o conteúdo de forma lógica e sistemática.
- **Clareza:** escrever de uma forma que seja fácil de ler e num estilo em que a comunicação seja bem clara.
- **Qualidade das habilidades para escrever:** usar corretamente a gramática, a pontuação e a acentuação, e principalmente os termos certos.

No tocante às estratégias que o professor pode utilizar para avaliar como pode melhorar o seu curso, devem-se incluir as seguintes:

I – Usar avaliação com duração de 60 segundos.

A avaliação de **um minuto** permite ao professor fazer várias perguntas eletronicamente e coletar as respostas de forma anônima, caso, é claro, tenha um programa que permita aos aprendizes enviar as respostas anonimamente.

A estratégia fundamenta-se em fazer aos aprendizes umas duas ou três perguntas que ajudem o professor a ter uma idéia de como vai indo a sua aula.

As perguntas comumente são feitas todas as semanas em que o curso se desenvolve e focam-se sempre nas ações e nos momentos de verdade e não nas impressões gerais.

Aí vão alguns exemplos de perguntas que podem ser feitas aos aprendizes:

- Quais são as "lembranças" mais agradáveis que você tem sobre as aulas desta semana/módulo/unidade?
- Quais são algumas das questões que mais o (a) preocuparam ou aborreceram nesta aula que encerrou esta semana/módulo/unidade?
- Qual é a coisa mais importante que você aprendeu nesta aula ao terminar esta semana/módulo/unidade?
- Qual é o ponto mais nebuloso que ainda está na sua cabeça ao acabar esta semana/módulo/unidade?
- Por favor, descreva uma coisa que ainda precisa de maior esclarecimento ao se completar esta semana/módulo/unidade.

II – Usar o enfoque de dar um pré-teste e depois um pós-teste.

Os pré-testes e os pós-testes, de fato, permitem acessar os conhecimentos dos aprendizes e as suas aptidões antes da instrução ter início, o crescimento do seu conhecimento e habilidades durante a instrução e o que eles aprenderam no final da instrução.

Embora essa estratégia esteja focada no conhecimento e aptidões do aprendiz, ela fornece uma medida direta da eficácia das lições dadas numa certa unidade ou módulo do curso.

Para aplicar esses testes e depois obter a avaliação é conveniente ter um bom programa de gerenciamento do curso.

III – Utilizar o aprendiz como cobaia em experiências piloto.

Esta estratégia refere-se a usar um pequeno grupo de aprendizes para desenvolver alguma atividade, ou então utilizar algum material antes de introduzir isto em uma particular unidade/módulo do curso.

Com este enfoque, o professor pode testar as suas hipóteses sobre a eficácia dos seus materiais instrucionais, assim podendo descobrir os eventuais problemas e consertá-los antes de usá-los numa situação real com uma grande quantidade de alunos.

IV – Usar a observação direta.

Esta estratégia leva o professor a observar os aprendizes à medida que eles vão passando por uma parte do curso, ou seja, em cada unidade/módulo do mesmo.

Isto é mais fácil de ser feito quando os aprendizes trabalham em equipe.

Aí os aprendizes participam de discussão em grupo *online* para realizar um projeto, enviando mensagens de acordo com o papel de cada um no projeto ou com a divisão de tarefas.

O professor, ao observar as discussões em grupo, estará apto a perceber onde o seu processo de instrução é falho, pois verifica que os estudantes têm dificuldade em resolver certos problemas e chegar a alguns resultados que deveriam atingir se tivessem assimilado corretamente as informações (se elas foram realmente dadas...).

cAPÍTULO 3

V – Pedir aos aprendizes as suas sugestões.

Esta estratégia envolve o professor participando de conversas síncronas ou assíncronas com os seus aprendizes, individualmente ou em grupos.

O professor pode, por exemplo, enviar perguntas nas quais pede aos estudantes para expressar os seus sentimentos sobre a instrução recebida no seu conjunto (materiais, leituras, prazos, etc.).

Este enfoque para avaliar a eficácia instrucional oferece uma grande oportunidade para conhecer, na visão dos aprendizes, o que eles acharam sobre os materiais que receberam, que interesse provocaram e se funcionaram.

Como resultado de tudo isto, os aprendizes ficam mais envolvidos, pois pensam sobre a evolução do próprio aprendizado e sobre o que efetivamente os ajuda e permite que aprendam melhor e mais depressa.

Além disso, usando este enfoque, o professor sutilmente comunica aos estudantes que ele está comprometido em ajudá-los a aprender da melhor forma possível.

VI – Levar em conta as críticas de outros professores.

Esta estratégia refere-se a compartilhar os seus materiais instrucionais com outros colegas de profissão para que eles os examinem e façam comentários sobre a sua utilidade, sugerindo algumas coisas para melhorá-los.

É evidente que ter algum professor com competência para analisar e comentar os materiais instrucionais de um outro professor ajuda muito a identificar inconsistências, imperfeições e outros problemas potenciais.

Caso um professor tenha essa possibilidade, seguramente ganhará novos *insights* (discernimentos) para os seus materiais.

VII – Fazer uma pré-estréia professoral.

Ocasionalmente, os cursos *online* são "pré-embalados".

Isto significa que os materiais do curso e as suas atividades são produzidos comercialmente – eles são desenvolvidos por uma equipe de *designers* instrucionais e **entregues ao professor** do curso!?!?

Nesse cenário, é natural que o professor precisará fazer uma pré-estréia desses materiais antes de usá-los de forma efetiva num curso, ou então usar partes deles, ou ainda utilizá-los com alguma modificação ou adaptação, ou simplesmente **não usá-los.**

VIII – Refletir sobre o que realmente se vivenciou.

Ao meditar sobra a própria experiência do que ocorreu durante uma aula/unidade/módulo, o professor tem uma boa maneira para identificar que parte(s) da aula/unidade/módulo funcionam ou não.

Ele pode mesmo chegar à conclusão de que manter um diário de atividades que funcionou em certa situação, pode não ser adequado em outra.

Realmente, a reflexão por parte do próprio professor de como foi a sua vivência com um dado grupo capacita-o a retirar ou incrementar certas partes do conteúdo do seu curso na busca da maior eficácia.

Provavelmente é aí que está sempre a parcela significativa da melhoria de um curso, isto é, na reflexão meticulosa do professor sobre que trechos ou tópicos foram vitais para o sucesso do seu curso!!!

REFLEXÃO – EDUCAÇÃO CÍVICA

Uma revolução já não tão silenciosa está ocorrendo nos últimos anos **na educação** em praticamente todos os países do mundo, cuja meta é preparar principalmente os jovens para suas responsabilidades com a sociedade civil e com a cultura mais ampla.

Esta revolução na educação pode ter diversas denominações como: educação de caráter, reforma educacional democrática, educação do cidadão, ou ainda aprendizado de atendimento.

Talvez o nome mais apropriado seja, de fato, **educação cívica**, cuja premissa é que estudantes de todas as idades aprendam melhor recebendo uma educação vivenciada e que ocorra diretamente nas comunidades e nas proximidades de onde eles vivem.

A educação cívica precisa ser uma combinação sofisticada de aprendizado tradicional com aquele *online*, envolvendo ensino prático, solução de problemas e pensamento em sistemas conceituais.

Os educadores cívicos salientam que o acesso ao conhecimento disponível no ciberespaço e nos mundos virtuais, embora seja essencial e necessário,

CAPÍTULO 3

deve ser acompanhado pelo acesso ao conhecimento coletivo e à sabedoria existente nas comunidades baseadas no espaço geográfico.

O aprendizado, insistem eles, envolve mais do que simplesmente ser capaz de clicar na fonte de informação adequada na *World Wide Web*.

Além disso, exige a participação direta e íntima com outros indivíduos em tempo e espaço reais.

Dessa maneira, a educação cívica deve ser vista como um complemento imprescindível de conhecimentos provenientes do ciberespaço.

Claro que o acesso a ambos os tipos de experiência educacional (educação cívica e aprendizado *online*), segundo muitos educadores, é necessário para que as IEs espalhadas pelo mundo possam produzir uma geração de jovens que tenham conhecimentos, sejam centrados e preparados para as suas obrigações sociais com a comunidade mais ampla, bem como para as oportunidades de educação que são provenientes do ciberespaço.

A educação cívica começa com a premissa de que a primeira missão da educação é a de preparar os aprendizes para poder acessar sua cultura comum e se tornarem participantes ativos dela.

Os educadores cívicos ressaltam também que se abordada com rigor, e se os próprios alunos e as diversas organizações da comunidade desempenharem o papel de facilitadores da experiência de aprendizado, o seu desempenho acadêmico irá disparar porque os estudantes passarão a considerar seus estudos mais relevantes, agradáveis e mais significativos para as suas vidas.

A missão central de todas as IESs do mundo é desenvolver no aprendiz habilidades que o tornem apto a entrar no mercado de trabalho, porém, segundo os professores de educação cívica, isto é como colocar a carroça diante dos bois!!!

Aprender habilidades simplesmente para ser capaz de exercer algum tipo de profissão, segundo os educadores cívicos, é um conceito de educação extremamente limitado para o século XXI.

Os professores de educação cívica defendem o aprofundamento da identidade essencial dos aprendizes para incluir uma noção de sua relação com a cultura.

A educação, dizem eles, deve cultivar a confiança social e a empatia e promover a intimidade com os outros – bem como com as demais criaturas – e conscientizar os estudantes do papel fundamental que a cultura representa na manutenção da vida da civilização.

Alegam eles, que as aptidões valorizadas no mercado de trabalho, são derivadas das habilidades sociais básicas, assim como os próprios mercados são derivados de cultura.

Embora as aptidões de diversos tipos sejam muito importantes, a sua obtenção não deve nunca vir em primeiro lugar ou à custa da educação cívica, mas sim serem vistas como um complemento necessário.

Realmente, nesse *boom* do *e-learning* não podemos esquecer nunca de adquirir a educação cívica que se desenvolve sem dúvida muito melhor na vida real, todavia isto de forma alguma diminui a importância de usar tecnologia de ruptura, que é o aprendizado *online,* que eficazmente e de forma mais econômica permitirá aos que viverem no século XXI estudar pelo resto da vida...

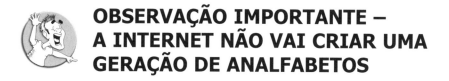

OBSERVAÇÃO IMPORTANTE – A INTERNET NÃO VAI CRIAR UMA GERAÇÃO DE ANALFABETOS

Vivemos graças à Internet, numa era na qual parece que está ocorrendo o **triunfo da indisciplina**.

Na verdade, esta é um pouco a visão de David Crystal, famosa autoridade galesa em idiomas e produtor de muitos volumes eruditos, incluindo-se aí a *Enciclopédia Cambridge da Língua Inglesa*.

No seu último livro, lançado no início de 2002 pela Cambridge University Press com o título *Língua e a Internet*, ele faz uma análise da maneira como o discurso está evoluindo na rede em formas às vezes muito indisciplinadas de *e-mails*, páginas de *sites*, salas de discussão e jogos de realidade virtual.

Entretanto, de maneira enfática ele salienta que a Internet **não vai criar uma geração de analfabetos**, como poderia sugerir um olhar rápido em um *e-mail* de qualquer universitário.

Ao contrário, sustenta David Crystal, a Internet está se transformando em um esplêndido novo veículo, que mostra os usuários de um idioma na sua maneira mais criativa, adaptando uma variedade de estilos para uma diversidade de propósitos, alguns formais, outros informais.

CAPÍTULO 3

Escreve no seu livro David Crystal: "Nunca tivemos algo fundamentalmente diferente da fala e da escrita, compartilhando suas propriedades, mas fazendo algo que nenhuma das duas poderia fazer.

O novo veículo é muito diferente da escrita tradicional em sua imediação e mutabilidade, e difere da fala em sua incapacidade de prover diapasão, ritmo, sonoridade e outras pistas de voz.

Os textos eletrônicos simplesmente não são como outros textos em sua fluidez, simultaneidade e disponibilidade em um número indefinido de máquinas.

Fazem, portanto, coisas que o outro veículo não consegue fazer.

A Internet de fato é um genuíno terceiro veículo de comunicação.

No futuro, provavelmente será a principal maneira pela qual nós, humanos, nos comunicaremos.

Haverá tantas maneiras de se comunicar pela Internet como há pessoas e circunstâncias.

Assim, se eu deixar de fora a pontuação em algum *e-mail* que enviei, quem receber o mesmo não dirá 'Crystal não conhece a gramática', mas provavelmente pensará 'Crystal estava com pressa'.

Da mesma forma, as pessoas que procuram emprego enviarão os seus currículos por *e-mail* de modo bem diferente do que fariam se estivessem batendo papo com alguém.

Realmente, é muito difícil que as pessoas que escrevem os manuais e guias de estilos de como se deve escrever na Internet consigam torná-la estável.

O que acontece é que aprendemos gradualmente o que funciona na Internet e o que não funciona, assim como todos os que usam a Internet já sabem que se digitarmos frases com letras maiúsculas, isto irritará muito as pessoas que vão ler as mesmas."

CAPÍTULO 4
DANDO OS ÚLTIMOS RETOQUES PARA INICIAR A INSTRUÇÃO NO CURSO *ONLINE*

4.1 – NECESSIDADES BÁSICAS PARA IMPLEMENTAR UM AMBIENTE SEGURO NO APRENDIZADO *ONLINE*

"O que me preocupa é que eu pago dinheiro de verdade, para uma faculdade de verdade para que você tenha um diploma em inteligência artificial."

O objetivo global de qualquer professor é o de criar um espaço onde os aprendizes possam de forma segura explorar o novo território.

Para atingir essa finalidade, o professor precisa conquistar e construir a confiança dos seus aprendizes de maneira que eles sintam que estão sendo respeitados e que todas as suas necessidades estão sendo levadas a sério.

Entre as maneiras com as quais se pode constituir um ambiente de aprendizado *online* seguro as duas principais são:

1) Criar uma estrutura que possibilite conhecer algumas características dos aprendizes.

Assim como cada professor deve conhecer a si próprio ou de que maneira prefere ensinar, é vital que ele conheça relativamente bem algumas preferências dos seus alunos.

CAPÍTULO 4

Claro que todo mestre está ciente de que os estilos para aprender diferem muito, e que muitos estudantes não sabem (ou não tiveram ainda uma oportunidade para refletir ou discutir) qual é o seu estilo preferido para aprender.

Uma boa estratégia para saber mais sobre cada aprendiz, principalmente se for alguém que já é adulto e possui nível universitário, ou está cursando alguma faculdade, é enviar-lhe antecipadamente um questionário via e-*mail* contendo as seguintes perguntas:

- Como gostaria de ser chamado?
- Qual é o seu nível educacional e experiência profissional?
- Se está cursando uma faculdade, qual é o campo e em que semestre/ano está no momento?
- Caso esteja empregado (ou fazendo estágio) em que empresa está atualmente?
- Quantos anos de experiência profissional possui?
- Quais são as suas metas para o futuro?
- Qual é o motivo que o levou a inscrever-se neste curso?
- Qual é o seu estilo preferido para aprender?
- Quais são as formas que lhe possibilitam aprender mais eficazmente? Descreva-as.
- Quais são as outras informações relevantes que poderia dar sobre si mesmo, ou seja, que ajudariam o professor e os outros participantes do curso a conhecê-lo melhor?
- O que espera obter ao terminar este curso?

2 – Planejar meios que facilitem a apresentação dos aprendizes, uns aos outros.

Uma maneira, no ambiente *online*, de facilitar o contato entre os aprendizes é solicitar que os mesmos enviem as suas biografias e o que esperam do curso. Desta forma, cada um estará se apresentando e podendo ao mesmo tempo conhecer os outros. O professor deve inclusive estimulá-los para permitir que os seus futuros colegas possam entrar nas suas páginas *Web* pessoais, caso elas existam.

Nas biografias, os aprendizes podem colocar também algum material fotográfico, se bem que num primeiro momento talvez muitos fiquem hesitantes em se exporem de forma visual...

É importante recordar que a Internet pode funcionar como "a grande equalizadora", removendo os traços físicos de um particular aprendiz, e daí pode não ser conveniente enviar fotos dos alunos junto com as suas biografias, evitando com isto que os outros alunos o julguem antes pelas suas feições do que pelas suas idéias e conceitos.

Evidentemente que assim que o aluno se apresentou ao professor (e aos colegas), é importante que o mestre responda que leu a sua biografia e as suas expectativas sobre o curso, e o encoraje a fazer mais outros comentários com freqüência.

Essas atividades introdutórias criam a **"base de conhecimento pessoal"** entre os aprendizes, que será a precursora para o desenvolvimento posterior de um nível de confiança e segurança no ambiente *online*.

REFLEXÃO – EVOLUÇÃO DO *E-LEARNING*

Marc J. Rosenberg, no seu livro *E-Learning,* da Makron *Books*, apresenta um pouco da visão de Glória Gery sobre a evolução do *e-learning* nas empresas.

Diz a famosa consultora Gloria Gery: "É fundamental olhar para trás antes de olhar para a frente no aprendizado *online*, a fim de entender melhor o que deve ser feito.

Venho trabalhando para compreender e implementar diversas formas de ambientes de *e-learning*, desde 1976.

Quando trabalhei na Aetna Life & Casualty, comecei a fazer experiências com o treinamento baseado no computador.

A idéia era utilizar o computador para ensinar os funcionários não-técnicos a utilizar os aplicativos de *software* – era o início do *computer-based training* (CBT) –, ou seja, do treinamento baseado no computador.

As tecnologias nessa época eram primitivas, as ferramentas de desenvolvimento eram limitadas, os desenvolvedores inexperientes e as necessidades de aprendizado ultrapassavam nossa habilidade de desenvolver e implementar rapidamente e de manter o suporte lógico para o ensino suficiente (embora não empolgante).

CAPÍTULO 4

Entre aquela época e hoje houve uma utilização de vida curta de tecnologias intermediárias, como os videodiscos e câmeras interativas que conseguiam registrar os aprendizes interagindo com representações executadas pelo computador.

Os desenvolvedores testaram todos os tipos de mídia e alguns se tornaram muito bons no desenvolvimento de programas interativos com gráficos, vídeos e animações sofisticadas.

Além disso, CD-ROMs acessíveis e ambientes ricos em PCs permitiram o desenvolvimento adequado.

Porém a demanda superou a oferta de desenvolvedores qualificados, e como resultado foram surgindo ferramentas de desenvolvimento cada vez mais comerciais, "fáceis de utilizar", que degradavam o produto final em tutorais que podiam ser rapidamente distribuídos e preenchidos.

E estes desequilíbrios entre poder, simplicidade, produtividade e criatividade das ferramentas continuam...

Estamos esperando que os desenvolvedores produzam mais e melhor com menos, e que os aprendizes aprendam mais e melhor em menos tempo, entretanto esta equação **não está ainda funcionando bem!?!?"**

OBSERVAÇÃO IMPORTANTE – PRODUTOS PARA O *E-LEARNING*

Os produtos para facilitar o *e-learning* estão proliferando e ficando cada vez mais poderosos.

Este é o caso, por exemplo do Sistema Integrado de Gerenciamento do Aprendizado (*Integrated Learning Management System* - ILMS) que a Sun Microsystems está comercializando.

Esta ferramenta foi desenvolvida inicialmente pela empresa canadense Isopia, que foi adquirida pela Sun Microsystems.

A Sun já providenciou a versão da ferramenta em português, como foi citado na revista da Sun Microsystems do Brasil (nº 35 – dezembro de 2001), para atender melhor às necessidades do mercado local.

Totalmente baseado em Java, o *Sun Learn Tone* apresenta características que o diferenciam de outros sistemas de *e-learning*.

Uma das principais é a **portabilidade**, que quer dizer que o sistema pode rodar em qualquer plataforma, além de aceitar qualquer padrão de conteúdo.

Esta opção flexível de ferramenta de criação evita que uma IE (ou uma empresa) tenha gastos extras adquirindo nova licença.

Outro diferencial é a sua **integrabilidade**, pois o sistema possibilita que todos os cursos *online* já existentes na IE possam ser integrados, bem como também pode ser feita a integração com sistemas operacionais, com sistemas corporativos, etc.

Entre as vantagens desse sistema de aprendizado estão a possibilidade de se montarem salas de aula virtuais, com instrutores, *fax* e glossário em português.

Há ainda uma ferramenta de pré-avaliação de conhecimentos, o que dispensa a necessidade de o usuário empregar tópicos com os quais não esteja familiarizado.

Outra ferramenta permite emitir relatórios gerenciais de certificação e de competência para que o desenvolvimento dos aprendizes seja seguido.

Afirma a Sun Microsystems que até o início de 2002, o *Sun Learn Tone* era o único sistema de aprendizado que tinha **interface** com o usuário.

Isto significa que por meio de um *login* o aprendiz terá acesso a uma página personalizada, na qual ele poderá mexer, mantendo-a com informações relevantes.

Que bom que já temos a possibilidade de poder incluir o *Sun Learn Tone* para desenvolver um curso de *e-learning*, não é?

REFLEXÃO – NOVOS ATORES NA EDUCAÇÃO

Algumas escolas e instituições de ensino superior (IESs) tanto públicas como privadas, estão trabalhando muito para **reinventar** a si mesmas, contudo o progresso principalmente no Brasil é lento.

CAPÍTULO 4

Isto é ainda mais dramático e preocupante nas instituições públicas de ensino básico, porém ambos os setores (privado e público) estão em perigo.

Talvez isto crie uma tendência na qual as empresas e muitas associações privadas comecem a assumir a responsabilidade pelo aprendizado.

Pode-se dizer que umas duas décadas atrás começamos a entrar em uma nova economia (popularização do microcomputador e grande progresso das telecomunicações), porém ainda precisamos desenvolver um novo paradigma educacional, sem falar na "escola do futuro", que poderá não ser nem uma escola, nem uma casa...

Como a nova economia é uma economia do conhecimento e o aprendizado é parte da atividade econômica e da vida cotidiana, tanto a empresa quanto as pessoas descobriram que precisam assumir a responsabilidade de aprender simplesmente para ser eficazes.

Com o surgimento das universidades corporativas (UCs), as empresas começaram a tornar-se competidoras da IEs.

Efetivamente o mundo ficou sobressaltado, porém parece que os educadores do mundo todo – não tanto, quanto há cinco anos – quando o maior guru da administração do século XX, Peter Drucker, num artigo da revista *Forbes* (março de 1997) afirmou:

"Daqui a trinta anos os grandes *campi* universitários serão relíquias.

De um lado existem nas IESs muitos catedráticos estáveis ameaçados pela nova tecnologia – a Internet –, fazendo com que as mesmas continuem atoladas no passado.

Por outro, estas IESs não buscam reinventar-se e por isto estarão condenadas ao desaparecimento.

A revolução digital provocará na educação uma mudança tão radical quanto na época em que as pessoas começaram a receber livros impressos.

Demorou mais de 200 anos para que o livro impresso criasse a escola moderna.

Mas não demorará tanto tempo para que os cursos *online* se alastrem por todos os cantos do mundo.

Já estamos começando a dar muitas palestras e aulas fora do *campus* via satélite ou vídeo bidirecional com um custo cada vez menor...

As IESs não sobreviverão como locais residenciais e de permanência obrigatória.

Os prédios atuais são inclusive irreparavelmente inadequados e totalmente desnecessários."

Em vista do que disse Peter Drucker, surgem os seguintes questionamentos:

- Então não existe mais espaço para a comunicação face a face?
- E o aprendizado como experiência social como é que fica?

Claramente, o *campus* residencial e vivencial para o graduando é um excelente lugar para promover a transição dos jovens saindo da casa e do curso colegial para o mundo do trabalho e do conhecimento, sem mencionar que muitos dos que concluíram faculdades costumam lembrar a experiência universitária como a **melhor época da sua vida.**

Não obstante, os estudos de graduação e de pós-graduação podem ser mais bem aproveitados através da integração com empresas, laboratórios particulares e outras instituições de pesquisa privadas, trabalho de campo com agências governamentais e outras organizações.

Uma coisa porém é certa: o *statu quo* do sistema educacional atual não sobreviverá!!!

A universidade centralizada cederá lugar a estruturas moleculares mais distribuídas, assim como a corporação centralizada se tornará cada vez mais "interconectada".

Portanto a universidade como estrutura será substituída pela universidade como rede.

Mas à medida que a mídia digital for entrando nas IESs e sendo imediatamente abraçada por alguns alunos articulados e destemidos, o que será do professor?

Em vista das crescentes evidências de que a mídia interativa pode melhorar substancialmente o processo de aprendizado, os professores claramente precisarão mudar o seu papel, como temos descrito exaustivamente neste livro e no lugar de repetidores de fatos, deverão tornar-se **facilitadores** e **grandes motivadores.**

Aliás, são esses professores que permitirão fazer da educação universitária tradicional um centro realmente voltado para o aluno, que inclusive vai demandar **aprendizagem permanente.**

CAPÍTULO 4

A educação superior deve examinar também se continuará sua ênfase no aluno tradicional de graduação e pós-graduação, ou irá reestruturar o seu modelo acadêmico para levar em conta a necessidade de aprendizagem permanente.

Como a aprendizagem permanente tornou-se **vital**, é cada vez maior o número de empresas que estão chamando para si a responsabilidade de atender às necessidades educacionais dos seus funcionários adultos.

O incrível é que a educação, que já foi domínio da Igreja, depois do governo, em seguida em muitos países como o Brasil, de IESs privadas, está começando a passar para as mãos das organizações.

Por exemplo, nos EUA estima-se que ao terminar o ano 2002 existirão quase 3.000 UCs (universidades corporativas), algumas já mundialmente conhecidas pelos bons resultados alcançados, como: Disney Institute, Universidade Charles Schwab, o Instituto para o Aprendizado do Banco de Montreal, a Hamburguer University da corporação McDonald's, a Universidade Intel, a Universidade Motorola, a Universidade da cadeia Target, o Xerox Management Institute citando apenas algumas.

Ao mesmo tempo que as corporações de todo o mundo encorajam a sua força de trabalho a se transformar em alunos permanentes, o modelo tradicional de universidade com uma sala de aula em um *campus*, nas UCs, está sendo suplementado pela sala de aula virtual, onde palestras, comentários e tarefas a serem feitos podem ser acessadas a qualquer hora do dia ou da noite.

Existem, portanto, no mercado de educação, **novos atores** que são os **consórcios**, as **universidades virtuais**, as **empresas de educação com fins lucrativos**

e as **universidades corporativas (UCs)**, que surgiram e estão proliferando para atender fundamentalmente ao segmento de mercado do adulto profissional.

Eles assumiram o desafio de satisfazer às demandas do cliente desse mercado, elaborando proativamente experiências, ferramentas e serviços de apoio à aprendizagem convenientes, acessíveis e oferecidos sempre que for necessário.

Como grupo, esses estreantes representam tanto uma oportunidade de parceria, quanto **uma competição direta** com o sistema educacional tradicional.

Sem dúvida elas forçarão mudanças e experiências de como e onde a educação será oferecida ao crescente segmento dos alunos adultos profissionais.

Jeanne C. Meister, requisitada palestrante internacional e considerada o principal nome mundial no tema UC, no seu livro *Educação Corporativa* (Makron Books – 1999) diz: "O crescimento das UCs está sinalizando uma demanda por um novo modelo de educação – que seja oferecido no momento necessário (conceito em tempo real) e que tenha como foco as qualificações, o conhecimento e as competências que os profissionais precisam possuir para obter sucesso no mercado global altamente instável. Acredito que em poucos anos cada uma das 500 maiores empresas listadas pela revista *Fortune* tenha seu próprio centro de educação, ou seja, a sua UC. Hoje 40% delas já têm um.

Em 2001, por exemplo a IBM gastou mais de US$500 milhões em treinamento e anunciou que começaria a vender programas de educação gerencial para outras empresas. Como a da IBM, existem mais de 2000 UCs nos EUA e com a missão de garantir o aprendizado contínuo de funcionários, clientes e fornecedores."

➡ Mas o que é de fato uma universidade corporativa (UC)?

UC é o guarda-chuva estratégico para o desenvolvimento e educação de funcionários, clientes e fornecedores, com o objetivo de atender às estratégias empresariais de uma organização.

➡ No que a UC difere de um departamento de treinamento da empresa?

As diferenças são diversas.

O departamento de treinamento comumente dentro do departamento de recursos humanos, tende a ser reativo, descentralizado e atende um público amplo, com vários programas abertos.

A UC, por sua vez, é o guarda-chuva centralizado que oferece soluções de aprendizagem com relevância estratégica para cada família de cargos dentro da empresa.

➡ Quem apresenta os programas de aprendizagem na UC?

Cria-se uma série de parceiros de aprendizagem para atuar com a UC.

Eles variam desde instrutores internos da organização, gerentes de negócios, docentes de IESs, consultores e, com grande freqüência, a alta cúpula da companhia, incluindo-se aí a liderança para a educação do *chief executive officer* (o executivo principal da empresa).

CAPÍTULO 4

➡ Por que chamar essa iniciativa de "universidade", e não apenas tratá-la como um departamento de treinamento evoluído?

Porque um número cada vez maior de empresas está optando por chamar de universidade a sua função de educação, para tornar bem clara a mensagem: **aprender é muito importante** e, usando a metáfora da UC, esta conotação ganha mais destaque.

Além disso, as empresas estão usando o modelo da UC para criar uma marca para seus programas, materiais didáticos e processos.

Aliás, vale aqui por isso mesmo lembrar uma frase do ex-vice-presidente dos EUA, Al Gore, numa conferência sobre o aprendizado permanente: 'O sucesso de virtualmente todos os norte-americanos na nova economia depende agora de sua capacidade de obter novos conhecimentos e aprender novas qualificações.'

O tempo está se tornando vital às necessidades de aprendizagem de adultos profissionais.

E as empresas que implantaram as UCs estão fazendo profundas experiências com novas tecnologias para oferecer ao seu funcionário, na sua mesa de trabalho, em sua casa, ou até na sala de algum hotel, um treinamento cujo foco é ele próprio.

E elas estão fazendo algo mais: oferecendo sua iniciativa e seu conhecimento dos mercados de educação e treinamento a pessoas de fora da organização, que precisam pagar (e geralmente muito...) para poder aprender nas suas UCs.

É o caso, por exemplo, da Universidade Motorola, que oferece mais de 200 cursos, muitos disponíveis para não-funcionários.

Na realidade, ela vem vendendo programas selecionados de treinamento a fornecedores e clientes há mais de uma década.

O mesmo faz o Disney Institute, que abriu seus programas de serviço a clientes e gerenciamento de pessoas a profissionais externos.

Embora as UCs com foco externo representem uma alternativa à educação tradicional, mesmo que especializadas em segmentos de mercado e/ou área geográfica, outra alternativa que está florescendo é o **consórcio de aprendizado**.

Trata-se de um grupo de empresas que juntam seus recursos de treinamento e os oferecem a aprendizes adultos.

Os consórcios atuam como corretores de treinamento, adquirindo conteúdo das IESs tradicionais ou até mesmo das UCs, que depois é oferecido ao mercado aberto.

Nesse cenário, as UCs, assim como as universidades tradicionais, tornam-se tanto clientes como fornecedores do consórcio.

Um outra variação do modelo de educação tradicional é a **universidade virtual**.

Trata-se essencialmente de uma instituição de ensino a distância que oferece cursos com nível de graduação e pós-graduação.

Embora muitas universidades tradicionais no mundo já estejam oferecendo cursos tanto a distância como na sala de aula, as universidades virtuais, como o próprio nome diz, são instituições para as quais a EAD é evidentemente o principal caminho para a aprendizagem.

Além disso, muitas universidades virtuais são megauniversidades como é o caso Open University do Reino Unido, ou da Indira Gandhi National Open University da Índia, ou ainda da Universidad Nacional de Educación a Distancia da Espanha, tendo geralmente mais de 100.000 alunos ativos e, dessa maneira, elas conseguem obter enormes economias de escala em sua operação.

Por exemplo, num estudo recente verificou-se que o que gasta um aluno numa megauniversidade virtual é da ordem de US$ 320 por ano, portanto ao passo que o custo médio de um aluno norte-americano por ano é mais ou menos de US$ 14.200 (dados de 1997) para aprender um conteúdo semelhante.

Como se percebe as diferenças em economia de escala são enormes e representam um modelo novo e poderoso de educação superior, um modelo econômico, que não está confinado por muros ou cercas vivas e que atende às necessidades dos adultos profissionais.

A Open University, por exemplo, desde a sua fundação, já treinou mais de 2,4 milhões de estudantes, o que ilustra bem os desafios e as oportunidades da EAD.

Tem-se ainda as **empresas de educação com fins lucrativos** que entraram no mercado do ensino superior com um modelo empresarial cujo foco é oferecer uma educação voltada para os adultos profissionais que desejem obter um diploma.

Elas compreendem a necessidade de ter sempre o cliente em mente, o que significa que oferecem aos alunos que trabalham oito horas por dia a oportunidade de prosseguir seus estudos sem abandonar suas responsabilidades pessoais e profissionais.

CAPÍTULO 4

Este é o caso, por exemplo, da University of Phoenix Online, braço de EAD do grupo Apollo Internacional de capital aberto, que é uma universidade com fins lucrativos (seu valor de mercado era de US$ 2 bilhões em dezembro de 2001), que enfoca o fornecimento de educação empresarial ao mercado de alunos não tradicionais.

A University of Phoenix (UOP) foi fundada em 1974, conta com mais de 60 *campi* e centros de aprendizagem nos EUA, possuindo muitos programas de EAD que possibilitam aos aprendizes receber treinamento a qualquer hora, em qualquer lugar.

A idade média de um aluno da UOP é de 34 anos, o que mostra que a missão original da universidade é satisfazer as necessidades do adulto profissional, sendo que os inscritos precisam ter no mínimo 23 anos, vários anos de experiência e estar empregados.

A UOP oferece um produto educacional uniforme, apresentado de maneira consistente por profissionais experientes a um preço acessível.

A UOP acredita que tem dois clientes principais: o aluno, o cliente mais importante, e o empregador do aluno, que pode estar subsidiando o curso e proporcionando um ambiente adequado no qual é conduzida grande parte da pesquisa e das atividades de projeto do aluno.

A UOP até o final de 2001 já tinha atendido mais de 500.000 alunos."

Como se pode notar, o mercado empresarial englobou a educação superior e invadiu seu solo sagrado.

A aprendizagem contínua no ambiente de negócios está se tornando mais necessária do que nunca. No entanto, os orçamentos de treinamento corporativo – devido ao processo de *downsizing* (enxugamento dos postos de trabalho), ao rápido avanço tecnológico e à necessidade de uma vantagem competitiva sustentada, estão mais apertados do que nunca.

Essa tensão impulsiona o surgimento de um novo modelo de aprendizagem, segundo o qual as empresas passam a ser tanto clientes quanto fornecedoras de educação.

Para as IESs particulares nos países democráticos do mundo continuarem a ser consideradas forças viáveis no setor privado, sem dúvida elas terão de repensar seu relacionamento com as empresas e reexaminar suas metodologias, produtos, serviços e veículos de apresentação.

Em essência, isto significa que elas terão de comportar-se mais como empresas e tratar os seus "consumidores", ou seja, os alunos adultos e as empresas que os patrocinam, como clientes de muito valor.

As IESs, à medida que se sentirem mais confortáveis em seu papel de parceiros empresariais, poderão descobrir que é útil abraçar um leque maior de estratégias para o mercado, variando de uma presença local em uma empresa ao licenciamento/*merchandising* de seu currículo, que será transferido de/e para companhias e seus parceiros de aprendizagem.

Esse novo paradigma, que inclui muitas novas ações no mercado de educação, pode não ser a única ameaça à educação superior.

Talvez, como indicam muitos educadores experientes, a verdadeira ameaça à educação superior venha dela própria, de uma atitude complacente e muito acomodada que deixe de oferecer um leque completo de produtos e serviços ao mercado educacional, com ênfase nos cursos *online*.

Ao mesmo tempo em que as forças da mudança ganham terreno, um fato é insofismável: o mercado de educação está se modificando de maneira radical e está entrando com tudo na era da valorização do que quer e precisa o seu grande cliente – **o aprendiz**.

OBSERVAÇÃO IMPORTANTE – PESQUISA SOBRE *E-LEARNING* NO BRASIL

Uma pesquisa feita recentemente (início de 2002) pelo portal *e-learning* Brasil (http://www.elearning-brasil.com.br) sobre o mercado brasileiro mostra que 38% das empresas analisadas já possuem um projeto de treinamento a distância para os seus funcionários em fase de implementação.

Outros 18% já atuam com o *e-learning* de alguma forma pelo menos nos últimos dois anos, 28% ainda não têm uma estratégia mas pretendem adotá-la e apenas 16% não desejam implementar o *e-learning* no dia-a-dia da empresa (ver Figura 4.1).

CAPÍTULO 4

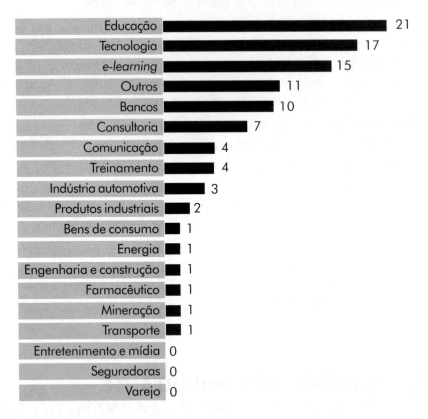

Figura 4.1 – *E-Learning* no Brasil.

Realmente muitas IESs e as melhores empresas do Brasil já estão cientes da importância do *e-learning*, já que a tecnologia para treinar os seus alunos e/ou funcionários utilizando o método a distância é muito mais econômica do que gastar com viagens, hospedagem e alimentação para estar no local do curso.

Aliás, só para destacar a importância do *e-learning*, basta dizer que nos primeiros dias de 2002 o presidente dos EUA, George W. Bush, aprovou uma lei que prevê a liberação de US$ 4 bilhões para que se inclua no decorrer deste ano a tecnologia de ensino *online* no ensino fundamental e secundário, verba que vai se somar aos US$ 26,5 bilhões já disponibilizados para as IEs em anos anteriores!!!

CAPÍTULO 4

Nos EUA, o mercado de *e-learning* foi de US$ 2,3 bilhões em 2000 e estima-se que ultrapasse US$ 15 bilhões já em 2004.

No Brasil, já se têm muitos exemplos de empresas que estão colhendo bons resultados por terem adotado o *e-learning*.

É o caso da Brasil Telecom, que adotou o sistema *e-learning* em setembro de 2001, iniciando um projeto-piloto de treinamento a distância para 4.500 dos seus funcionários.

A empresa utilizou a ferramenta *Centra One* da Micropower para treinar quase 350 instrutores.

A Micropower é, por exemplo, uma das muitas empresas especializadas em *e-learning* que existem no Brasil e que oferecem cinco ferramentas que podem ser usadas tanto em IESs como em empresas.

São elas: Centra Symposium, um sistema de treinamento síncrono e *e-business* colaborativo; Top Class, um gerenciador de cursos via Internet; Perception, que permite a realização de testes via Internet; Qarbon Viewlet Builder, que cria demonstrações de animação, e a linha de *softwares* Docent.

Já há mais de quatro anos que a Fundação Bradesco, uma organização sem fins lucrativos do Banco Bradesco, também tem utilizado o treinamento a distância e algumas ferramentas da Micropower.

Atualmente a entidade atende mais de 100 mil alunos em 25 Estados, nos quais estão 38 escolas com aulas presenciais.

Para criar uma escola, a Fundação Bradesco gasta em média R$ 5 milhões e mais R$ 1 milhão para mantê-la.

Com o treinamento a distância, a Fundação Bradesco almeja chegar a outros 150 mil alunos de ensino complementar e profissionalizante.

Além disso, a Fundação Bradesco já está utilizando o *e-learning* para o treinamento dos seus **funcionários vitais**, ou seja, os seus **1.300 professores**.

131

CAPÍTULO 4

4.2 – O USO DE ESTRATÉGIAS DE ENSINO EFICAZES

As estratégias que o professor adota são de importância essencial para a qualidade e o valor de um curso online.

Quando utilizadas bem e apropriadamente, elas ajudam tanto o professor como os aprendizes a construir a sua comunidade de aprendizado, a compreender melhor todo o conteúdo, a desvendar mais rapidamente suas aptidões.

"É a sua esposa prof. Silva. Ela disse que já são duas horas da madrugada, e que é para você parar de ler os e-mails e voltar para casa."

Tudo isto se reflete positivamente no processo de educação online.

Quando as estratégias de ensino são inadequadas, elas desencorajam a participação no aprendizado.

Aí vão algumas "dicas" sobre estratégias a serem adotadas para termos um ensino online eficaz.

1. Estabelecer um conjunto de regras, normas e procedimentos bem claros para as discussões, e que tenha a concordância dos aprendizes.

O sucesso dos cursos online interativos depende muito dos relacionamentos e da confiança que se desenvolve entre o professor e os aprendizes.

Se os alunos precisam representar um papel ativo no desenvolvimento de uma boa atmosfera no curso, cabe preliminarmente ao professor definir as regras, normas e procedimentos nas discussões que ocorrerão, dando sempre a possibilidade aos estudantes de sugerir modificações no curso.

Aliás, os professores mais expeditos incluem em seu trabalho as oportunidades para que os aprendizes possam fazer diversas correções na estrutura e no plano do curso no decorrer do seu andamento.

Procedendo dessa forma, o professor dá aos aprendizes o sentimento de propriedade sobre a comunidade do aprendizado que eles estão criando.

CAPÍTULO 4

2. Utilizar uma estrutura e um conteúdo com os quais se possa interagir facilmente e livremente.

Caso o professor deseje engajar seus aprendizes ao conteúdo do curso e uns com os outros, é necessário que a estrutura das suas aulas seja a mais interativa possível com fluxo livre.

Quanto mais flexível for a estrutura, tanto mais fácil será para os aprendizes perceberem ou se fixarem nos pontos que devem estudar mais profundamente e que requerem uma compreensão mais perspicaz, e aqueles nos quais podem passar com maior rapidez.

Desde que os aprendizes geralmente não estão no mesmo nível e nem possuem a mesma capacidade de assimilação de novos conhecimentos, a natureza de um trânsito livre no curso pode ajudar a conectar os aprendizes mais experientes e rápidos com aqueles que estão "descobrindo" as informações.

3. Desenvolver inúmeras atividades de trabalho em grupo.

As atividades em grupo representam um ponto forte no aprendizado *online* desde que as equipes sejam bem constituídas.

Dentre os critérios para formar os times podem ser citados os seguintes:

- interesse comum;
- a mesma faixa etária;
- níveis de experiência com a tecnologia (alguns aprendizes podem saber mais e outros menos);
- geografia (se os aprendizes tiverem que se encontrar face a face fora da sala virtual);
- foco num particular tópico;
- habilidade técnica e específica;
- diversas habilidades (equipes multidisciplinares).

É certo que o instrutor precisa, além de formar uma equipe, dar-lhe as orientações adequadas e dizer o que espera do seu desempenho.

É bastante importante integrar as atividades de trabalho em equipe porque elas engajam os aprendizes no estabelecimento e manutenção segura de um ambiente de aprendizado *online* positivo.

Estas atividades permitem também que os aprendizes introduzam os seus valores pessoais, suas crenças e atitudes nas experiências do curso; adquiram

133

CAPÍTULO 4

aptidões, inclusive para liderar e principalmente desenvolver a sua imaginação e criatividade na solução dos problemas.

Quando estiverem trabalhando em equipe no ambiente *online*, os aprendizes precisam saber ajustar bem as suas prioridades e agendas, identificar claramente o seu papel ou função, aprender a colaborar com os outros integrantes da equipe, pensar criativamente, etc.

Essas tarefas todas não são tão fáceis de cumprir e precisam que o professor forneça orientações bem claras sobre cada uma delas para que o trabalho em equipe tenha sucesso.

4. Criar um espaço social.

É vital que o professor crie um ambiente de socialização no qual os aprendizes possam compartilhar informações pessoais e trocar idéias sobre eventos sociais, fora dos assuntos das aulas.

O professor pode chamar este espaço de **"café dos aprendizes"** e estabelecê-lo como um lugar propício para conversas informais, troca de experiências pessoais de vida e para promover seminários extra-curso.

Um ambiente social proverá os alunos de uma outra "avenida informal" na qual podem transitar para estabelecer um conhecimento pessoal dos interesses dos outros e das suas metas e objetivos além do curso.

5. Desenvolver discussões assíncronas em grupo.

O professor pode promover este tipo de atividade quando o seu curso for dividido em módulos "centrados em tópicos", para cujo entendimento são atribuídas aos estudantes leituras específicas.

Nesse caso, ele deve dar a cada aprendiz um tempo diferente para completar a leitura de todos os textos, e assim entrar ativamente nas discussões *online* em horários diferentes.

Claro que esta participação envolverá responder, revisar e comentar as respostas dos outros colegas, usando para isto um programa de conferência na *Web*.

Discussões *online* deste tipo possibilitam aos aprendizes articular alguns dos principais conceitos que captaram nas leituras recomendadas e na literatura complementar pertinente, ampliando seus conhecimentos pela interação com outros membros do grupo.

A sugestão, como já foi salientado, é que as equipes não tenham mais de seis integrantes para que as interações entre eles não sejam demasiadas e tumultuadas.

6. Apresentar aos aprendizes problemas desafiadores.

Certamente o mundo está cheio de problemas complexos relacionados com qualquer assunto.

Assim, quando o professor estiver procurando problemas ou temas para que os aprendizes discutam, deve pensar nos exemplos da vida real, porém simplificando-os até o nível no qual o foco continue claro, que eles sejam complexos, mas que continuem interessantes e desafiadores.

Ao lidar com problemas da vida real, os aprendizes irão compreendendo como é que as coisas se adaptam num quadro maior no mundo e sentirão também a importância e o valor dos projetos nos quais estão envolvidos.

7. Impulsionar o pensamento crítico.

A Internet é cheia de recursos que podem ou não ser precisos ou fazer sentido.

Com o intuito de processar e classificar esta enormidade de dados que nos inundam na **"era da informação"**, os aprendizes devem aprender a pensar criticamente.

Eles precisam estar aptos a avaliar a qualidade do material que estão recebendo e ligá-lo a outras informações similares que já possuem.

Os estudantes precisam também compreender o intuito que existe atrás da comunicação de uma dada informação (mudar algo, mudar sua opinião ou simplesmente informar).

O pensamento crítico consiste na reorganização dinâmica do conhecimento, de forma que seja significativo e utilizável.

Ele envolve **avaliação, análise** e **conexão** da informação recebida.

Cabe assim ao professor encorajar os aprendizes para que aprendam a avaliar a informação, fazendo julgamentos sobre o que se diz ou se apresenta pela comparação (ou mensuração) em relação a algo padrão, definindo o critério para julgar o mérito ou a idéia , priorizando opções, reconhecendo erros no raciocínio e verificando argumentos e hipóteses num teste de veracidade.

CAPÍTULO 4

Também é obrigação do professor ensinar seus aprendizes a analisar a informação.

Isto é um trabalho mais profundo, no qual os aprendizes podem saber reconhecer padrões de organização, classificar temas, assuntos ou objetos em categorias, baseando-se nos seus atributos comuns, identificar suposições ou crenças que formam a base das posições adotadas, visualizar as idéias centrais em um texto, os dados mais importantes ou as idéias mais criativas, diferenciar as idéias principais daquelas que dão apoio à informação, e finalmente descobrir alguma seqüência ou ordem na informação organizada.

Finalmente o instrutor precisa instruir e engajar seus aprendizes para que saibam fazer conexões, isto é, comparar similaridades e constatar diferenças entre objetos ou eventos.

Deve também estimular os estudantes para que aprendam a desenvolver ou analisar um argumento, saibam concluir ou fazer inferências, e principalmente saibam achar apoio para as suas suposições.

É muito importante que os alunos estejam aptos a fazer não só induções, como també deduções, o que lhes possibilitará desenvolver uma teoria ou um princípio indutivo a partir de dados amostrais, bem como identificar relações causais entre eventos e objetos para prever possíveis efeitos.

8. Ensinar o aprendiz a desenvolver um auto-aprendizado disciplinado.

O aprendizado auto-regulado refere-se a aprender novas estratégias cognitivas e de autocomando.

Um curso *online* de fato exige dos aprendizes a habilidade de administrar muito bem o seu tempo para processar todas as informações recebidas, não descuidando de usar os recursos disponíveis e reservando tempo para avaliar a própria evolução.

O professor deve incutir nos aprendizes o desejo de estabelecer suas metas no curso, negociando o tipo de exercícios e testes que querem executar a fim de criar um ambiente para um aprendizado independente.

9. Criar oportunidades para que os aprendizes possam ensinar e ser facilitadores em discussões.

Uma verdadeira sala de aula *online* interativa é aquela na qual todas os participantes possam desempenhar os seguintes papéis: **professor, facilitador, moderador, observador** e **participante**.

Como facilitador, um aprendiz pode ser responsável por iniciar uma discussão apresentando algumas perguntas sobre algum texto que deveria ter sido lido.

À medida que os aprendizes respondem às perguntas, o facilitador modera e amplia a discussão, enviando novas questões ou dúvidas que surgem do diálogo.

Cabe ao facilitador a responsabilidade de manter ativa e envolvente a discussão, determinando datas e horários específicos.

Como observador, o aprendiz monitora a dinâmica do grupo. É responsabilidade do observador assegurar que todo aprendiz participe de uma discussão, que tenha igual condição à dos outros de se manifestar e que a mesma transcorra num clima cordial.

No final da discussão é obrigação do observador, depois de uns três dias, enviar um pequeno relatório a cada participante, comentando a sua participação.

Ele faz aí também praticamente o papel de **resumidor**, condensando em poucas palavras o que foi escrito extensamente durante as discussões.

A maior parte das pessoas aprende melhor **quando faz** ou **quando tem que ensinar** os outros o que eles têm que aprender.

Portanto, para que os aprendizes possam **aprender de forma mais efetiva,** é conveniente que em diferentes momentos do curso cada estudante possa desempenhar principalmente o papel de professor ou de moderador de uma discussão.

10. Acrescentar jogos e outras atividades divertidas ao conteúdo do que se deve aprender.

A *World Wide Web* fornece a possibilidade de ser usada como um imenso local de recreio e distração.

Para tornar o seu curso mais divertido é bastante útil que os aprendizes possam distrair-se ou divertir-se praticando alguns jogos ou se envolvendo em atividades alegres e humorísticas que tenham uma mínima conexão com o curso.

Uma das mais simples distrações é a de "submeter" os alunos a resolver "palavras cruzadas" compostas por denominações importantes para o curso.

Claro que é possível dar algum tempo para que os alunos participem de algum jogo de simulação, como os que existem, por exemplo, para planejar uma cidade, ou então os recursos necessários dentro de uma casa.

O professor precisa de fato usar as aplicações de *softwares* existentes da maneira mais criativa possível.

CAPÍTULO 4

Assim, não basta apenas incluir na aula programas de processamento de texto, gerenciamento de dados, execução de cálculos e feitura de desenhos ou gráficos.

O professor deve incluir, digamos, o uso de *softwares* que permitam desenhar **mapas conceituais** ou **mapas mentais**, que no fundo é uma técnica organizacional visual para representar o conhecimento numa forma gráfica, de modo que esta seja aprendida mais facilmente e gravada na memória de longo prazo.

Os mapas mentais servem muito bem para gerar inúmeras idéias numa sessão de *brainstorming*, para fazer o *design* de uma estrutura complexa ("bolar" um grande *web site*, elaborar um texto muito longo, etc.), para comunicar noções complexas , para promover o aprendizado pela integração explícita do conhecimento novo e do antigo e, finalmente, avaliar a compreensão ou diagnosticar a incompreensão.

É muito mais divertido aprender usando os mapas mentais, porém atualmente nem no ensino face a face a maioria dos professores utiliza essa maneira de registrar as informações ou expor as suas idéias.

Na era do aprendizado *online*, em que além da eficiência e da eficácia se deseja também alegria e mais emoção, o professor deverá usar os mapas mentais como, aliás, fazemos na FAAP.

11. Usar estudos de caso em profusão.

A utilização de estudos de caso em um curso *online* interativo é muito interessante, pois trata-se de exemplos bem focados que estimulam a discussão em grupo.

Os estudos de caso são muito semelhantes a usar problemas da vida real, mas com eles pode-se estreitar um pouco a ênfase em certos aspectos.

A compreensão por parte dos aprendizes de como fazer para resolver um problema ou tomar uma decisão em vista do estudo de um caso, torna de fato os alunos mais aptos a aplicar posteriormente os seus conhecimentos, nas experiências vividas no dia-a-dia no seu trabalho.

O professor, às vezes, pode mesmo solicitar que os aprendizes desenvolvam os seus estudos de caso, criados a partir de suas próprias experiências de vida.

Realmente, este é um tipo de exercício muito envolvente e que estimula a participação dos outros colegas.

12. Utilizar as simulações objetivando propiciar oportunidades para aprender fazendo.

É conveniente ressaltar que as simulações são práticas dinâmicas, interativas e com exercícios voltados para a consecução de alguma tarefa, que auxiliam muito os aprendizes a vivenciar de forma virtual os conceitos e condições descritos num problema.

Evidentemente que numa simulação sempre se deve utilizar um cenário baseado em alguma situação da vida real, de maneira que os alunos individualmente ou agrupados compreendam as suas tarefas e possam interagir com sucesso no intuito de realizá-las.

O foco da simulação é o de "aprender fazendo", e por isto mesmo a sua utilização é muito interessante para auxiliar a entender alguns processos abstratos, ou então para o trabalho em equipe quando a simulação auxilia muito a estabelecer uma coesão dentro da comunidade *online*.

Para que o uso das simulações seja eficaz, o professor precisa garantir que os aprendizes saibam desempenhar diversos papéis e já tenham adquirido as habilidades de pensar de forma crítica e de resolver vários problemas.

13. Usar as comunidades externas, especialistas convidados e outros recursos (revistas, jornais, artigos técnicos, etc.).

É muito proveitoso convidar alguns palestrantes para participarem de algumas discussões *online* do curso.

Uma outra atividade proveitosa é aquela quando os aprendizes entrevistam pessoas da comunidade sobre temas pertinentes no curso, dando assim um outro sabor ao seu aprendizado pela participação de gente de fora.

No sentido de ajudar os aprendizes a pensarem um pouco mais sobre o "grande quadro", ou seja, o cenário mundial, é essencial criar um jornal específico do curso *online*, fundamentado em jornais, revistas e artigos técnicos de domínio público.

As críticas, as reflexões e as opiniões são tanto dos aprendizes como do próprio professor.

Esse jornal interno deve ter também uma seção relativa às atividades que ocorrem ao longo do curso.

Como efeito, podem aí aparecer alguns comentários um tanto quanto provocativos dos alunos.

CAPÍTULO 4

O professor não deve reprimi-los, apenas enquadrá-los em certas normas (como já foi comentado antes...), dizendo polidamente para o (a) aluno (a) algo como "boa abordagem", "interessante crítica", etc.

Esse jornal interno é uma das formas de estimular e manter uma discussão criativa não só sobre o que ocorre no mundo, como também quanto ao que acontece entre os aprendizes e como cada um reage em relação ao conhecimento que está adquirindo.

O cansaço e o desgaste são alguns dos problemas graves dos cursos *online* que até provocam a desistência dos estudantes.

É então muito importante que o professor continuamente os encoraje e motive a não desistir, destacando sempre o seu esforço e salientando a importância do conhecimento que estão adquirindo para sua vida futura.

Quanto mais os aprendizes estiverem engajados na comunidade do aprendizado e no curso, maior será a probabilidade de completarem o curso.

E o jornal interno é uma forma muito boa de mantê-los interessados.

14. Indicar horários específicos para atender os aprendizes particularmente.

Ao ensinar *online*, o professor realmente se torna muito simpático aos alunos quando além de programar várias conferências abertas – *chats* –, disponibiliza alguns horários específicos de seu expediente a fim de atender de forma síncrona os aprendizes, não só para tirar dúvidas sobre os seus trabalhos ou projetos, mas também sobre alguns problemas de caráter pessoal.

Ao proceder desta maneira, o professor mostrará que está também disponível para auxiliar seus estudantes nos problemas íntimos, o que lhes trará mais conforto e aumentará a sua confiança no docente.

REFLEXÃO – O EFEITO CASULO

Na feira de eletrônica de consumo realizada nos EUA, em Las Vegas no início de 2002, houve inúmeros lançamentos e a apresentação de muitos produtos novos que definem claramente as tendências para esta primeira década do século XXI.

CAPÍTULO 4

Assim, por exemplo, a Microsoft exibiu um novo conceito de monitores destacáveis sem fio, bem finos, de telas planas (*flats panels*), capazes de se comunicarem com a CPU de um computador e com outros periféricos.

A Sony e a Samsung anteciparam a chegada de telefones celulares de terceira geração (3G), capazes de transmitir imagens de videoconferência (que bom para o aprendizado...) em belos visores coloridos.

A indústria eletrônica patrocinou o primeiro desfile de moda eletrônica (*consumer eletronics fashion*), futurologia que sugere roupas inteligentes para abrigar computadores e equipamentos eletrônicos vestíveis.

Como diz o especialista em tecnologia da informação e economia digital, Ethevaldo Siqueira, no jornal *O Estado de S. Paulo* (27/1/2002): "Vista este computador. Essa frase poderia parecer maluquice até há bem pouco tempo.

Num futuro próximo será provavelmente cada vez mais corriqueira.

A proposta de um computador embutido na roupa, como um paletó, casaco ou sobretudo, começa a tornar-se realidade."

Pois é, pode ser que desse jeito alguém daqui a alguns anos possa estar participando de um aprendizado *online* sentado num banco de jardim ou dentro de um ônibus voltando para a sua casa, desde que esteja com roupas nas quais tenha embutido um computador...

Aliás, Steve Ballmer, presidente mundial da Microsoft, durante sua visita ao Brasil, em 2001, disse: "Quando ouvi há dois ou três anos a proposta de um computador vestível, achei-a sem sentido e extravagante.

Hoje, no entanto, já estou revendo a minha posição, e creio que podemos pensar seriamente nesse tipo de aplicação ou produto."

Como se vê, parece que uma das tendências nos próximos anos é o desenvolvimento de e-*textiles* (tecidos eletrônicos), para se ter os sistemas vestíveis.

Uma das primeiras aplicações dos tecidos eletrônicos talvez seja um tipo especial de pára-quedas capaz de rastrear sinais de satélites e de gerar eletricidade pela conversão da luz solar. Um dos maiores desafios, para se chegar a um tecido eletrônico, é reunir um conjunto de tecnologias. Uma roupa inteligente poderia ter boas aplicações na área de saúde, monitorando doenças cardíacas ou pacientes do mal de Alzheimer.

Aliás, associar o computador com e-*textiles*, os chamados tecidos eletrônicos, é de fato um dos campos mais desafiantes de convergência digital, que promoverá o "casamento"do computador com o vestuário.

cAPÍTULO 4

Os pesquisadores terão, por exemplo, que elevar o desempenho e o potencial dos e-tecidos, de modo a atender às necessidades e aspirações dos usuários da Internet sem fio. Uma das mais curiosas transformações de conceitos será provavelmente a substituição das mais complexas placas de circuitos integrados por entrelaçamentos de tecidos eletrônicos, e tudo com o menor consumo de energia possível.

Isto e muitas outras coisas precisam ainda ser desenvolvidas...

No CES Show 2002 de Las Vegas (Feira de Eletrônica de Consumo) ficou claro também que a televisão digital vai finalmente "decolar".

Mas à grande novidade para a área de educação principalmente é o acesso a banda ou faixa larga de freqüências, o que significa maior possibilidade de transmissão de informação, de *bits* circulando em maior velocidade.

Como conseqüência, irão melhorar muito as imagens de vídeo na Internet, com a transmissão de conteúdos de DVDs, a televisão de alta definição e os monitores de melhor padrão.

Em vista de tudo isto que está por acontecer, à semelhança do bicho-daseda, as pessoas no início do século XXI parece que vão refugiar-se no abrigo do lar, em busca de repouso, lazer, segurança, ter novas formas de trabalho via Internet e em especial participar de aprendizado *online* sentadas confortavelmente em algum lugar das suas casas.

Os especialistas em comportamento criaram a imagem do **efeito casulo** (*cocoon effect*).

A maior permanência no ambiente doméstico talvez de fato venha a ocorrer em vista dos riscos e problemas nas grandes cidades que vão desde aqueles com o trânsito até os de segurança.

O lar vai se tornar assim um refúgio de toda a família, que aí quer e necessita ficar por mais tempo.

A tendência não é nova, porém nunca foi tão forte, principalmente no Brasil com os "espetáculos brutais" como os seqüestros, roubos e acidentes de trânsito.

As pessoas buscarão cada vez mais a paz, e quererão fugir do *stress*, da violência, dos congestionamentos e da poluição das cidades.

Diante desse cenário, é enorme a oportunidade que têm as empresas de educação e as IESs de oferecerem os mais variados produtos que ensinem não apenas alguma profissão, mas que permitam também melhorar a vida cotidiana dos habitantes dos casulos no século XXI.

O famoso Bill Gates, fundador da Microsoft e que foi convidado para fazer a palestra de abertura da Feira de Las Vegas de 2002, é um dos que mais apostam no **efeito casulo.**

No seu discurso disse: "A tecnologia tem respostas adequadas e fornece ferramentas para essa nova revolução no comportamento humano, ou seja, a de querer ficar mais em casa.

As três grandes forças tecnológicas ou tendências darão mais facilidade às pessoas para se comunicarem e assim elas terão a sua disposição muitos dispositivos tanto para receber as informações que desejarem (isto inclui o aprendizado *online*) como para exercer o controle de muitos equipamentos a distância.

A primeira força é a chamada de lei de Moore, formulada há mais de 30 anos por Gordon Moore, um dos fundadores da Intel, segundo a qual os *chips* ou microprocessadores dobram de capacidade a cada 18 a 24 meses e se tornam cada vez **mais baratos.**

Com isso, a indústria pode lançar produtos sempre mais sofisticados, dotados de recursos sempre mais surpreendentes por preços cada vez menores.

Graças a essa microeletrônica cada dia mais poderosa e mais barata, os microcomputadores poderão incorporar em breve recursos tais como o reconhecimento de voz, leitura de textos manuscritos, análise lingüística, decodificação de imagens e gerenciamento de telas.

A segunda força impulsora da eletrônica de consumo é que **tudo tende a se conectar** atendendo a lei de Metcalfe.

Ela foi criada por Bob Metcalfe, criador da rede local Ethernet, em 1973.

De fato, é cada dia mais barato conectar equipamentos e dispositivos eletrônicos.

Livramo-nos progressivamente de botões, teclas, e de um emaranhado de fios, e passaremos então a usar uma tela central na parede para controlar todos os equipamentos eletrônicos domésticos, num processo que se chamará *home networking* (rede doméstica).

A terceira força tecnológica é a da **banda larga** e das **comunicações sem fio**, que se poderia chamar de "lei de Maxwell" para homenagear o grande físico escocês criador das bases científicas do eletromagnetismo.

Como conseqüência, o mundo passará a ter maior disponibilidade de serviços de banda larga e de alta velocidade por preços cada dia menores.

CAPÍTULO 4

É dentro dessa tendência que teremos, por exemplo, o telefone celular de terceira geração (3G) que nos permitirá acesso de alta velocidade à Internet e a programas de vídeo.

Essas mudanças nos conduzirão à Wi-Fi, ou seja, ao padrão 802.11, com monitor destacável, alimentado por baterias próprias, e comunicação sem fio com os demais módulos do computador.

A eliminação das conexão de fios possibilitará velocidades superiores aos 2 Mb do celular 3G, assegurando mais liberdade e mais flexibilidade ainda."

Tudo o que está prevendo Bill Gates deve acontecer em breve, e isto antecipa de fato que ocorrerá um *boom* na educação através do *e-learning*.

OBSERVAÇÃO IMPORTANTE – A LIBERDADE NO CIBERESPAÇO

Ciberespaço é um termo originalmente usado pelo escritor de ficção científica William Gibson na década de 1980, no seu romance *Neuromancer*.

Ciberespaço tornou-se um sinônimo da base de computação e comunicação que compõe a rede eletrônica mundial conhecida como Internet (outras fontes consideram ciberespaço um sinônimo de realidade virtual ou mundos virtuais.)

O ciberespaço é, como está na edição *online* da The Hutchinson Encyclopedia: "...onde a comunidade global de indivíduos e grupos ligados por computadores vive".

Já no dicionário Houaiss da língua portuguesa tem-se que é "o espaço de comunicações por redes de computação".

Tanto numa como na outra definição, percebe-se que ciberespaço tem tudo a ver com comunicação.

Uma das maiores queixas sobre a sociedade atual, por incrível que pareça, é a falta de relacionamentos pessoais.

Ao juntar essa deficiência (falta de relacionamentos pessoais) e a alta tecnologia de comunicação, você tem configurado um dos maiores temores de nossos tempos, isto é, o "Grande Irmão", de George Orwell (apesar de um certo sucesso que estão fazendo programas semelhantes na TV brasileira...), um controle de pessoas dominador, impiedoso, sem consideração pelos indivíduos e pela sua privacidade, e onde a felicidade e as realizações pessoais não têm lugar.

A cada vez que um novo meio de comunicação é introduzido surge um grande número de oportunidades, porém sempre é necessário um aprendizado para descobrir como usar o novo meio de forma eficaz.

Quando o telefone foi introduzido, levou algum tempo até que as pessoas descobrissem que podiam (e deviam) falar de uma forma diferente daquela empregada quando enviavam mensagens telegráficas.

Na indústria cinematográfica, o advento dos filmes com som mudou para sempre o modo como os filmes eram feitos.

Por exemplo, parece óbvio que uma propaganda para um *outdoor* (anúncio em forma de cartaz) precisa ser redesenhada para aparecer em um jornal de grande circulação, e refeita novamente para ser publicada em uma revista especializada.

Isto porque cada situação envolve públicos diferentes que lerão a informação em velocidades diferentes e de pontos de vista diferentes.

Para nós todos isto é óbvio, porque estamos acostumados há um bom tempo a *outdoors*, jornais e revistas – já vimos muitos exemplos, compreendemos os princípios que norteiam cada um desses meios e sabemos como as pessoas respondem a cada um deles.

Infelizmente, o ciberespaço é ainda um meio até agora mal-entendido.

Algumas características do meio foram definidas como, por exemplo, a ênfase na "netiqueta" (as maneiras corretas de evitar-se ofender pessoas no ciberespaço), mas as atividades, especificamente as educacionais, têm-se apoiado muito no método de tentativa e erro para criar cursos eficazes dentro deste novo meio.

Porém tudo mostra que em breve, essa abordagem por tentativa e erro não será mais necessária...

Paul e Sarah Edwards, junto com Linda Rohrbough, escreveram o livro *Ganhando Dinheiro na Internet* (Makron Books) no qual salientam que os termos ciberespaço, Internet, *World Wide Web*, *Web*, superinfovia e rede de comunicação global referem-se todos à Internet.

Embora possam ser feitas distinções entre os significados exatos desses termos (por exemplo, a *Web* é, no fundo, um serviço da Internet), não haverá grandes problemas se alguém usar estes nomes todos como referência à Internet.

cAPÍTuLo 4

Claro que o ciberespaço usa multimídia (som e vídeo), mas é diferente da televisão, de fitas de vídeo (ou DVD) ou do cinema.

Ele oferece informações para ler, mas é diferente de um livro tradicional; proporciona a reprodução de música ou de outros sons gravados, mas não é igual ao rádio.

Na verdade, um dos problemas de *marketing* do ciberespaço tem sido definir o que ele tem de diferente em relação aos outros meios de comunicação.

Embora existam muitas evidências de que em muitos lares o computador divide o espaço de uma sala ou quarto com um televisor, navegar na Internet é uma experiência totalmente diferente de assistir a uma televisão.

Uma grande indicação da diferença é o fato de que o usuário do computador normalmente está a menos de 60 centímetros da tela do seu micro, geralmente sentado empertigado ou mesmo inclinado para a frente.

A TV é normalmente assistida em uma posição passiva.

Por exemplo, o espectador está reclinado ou mesmo deitado.

Por outro lado, a distância entre o espectador e a TV é de um metro e meio ou mais.

O nível de concentração de um internauta é muito maior do que quando ele (ela) mesmo(a) vê TV.

Nesse caso, é feito um contato visual direto com o monitor, e o usuário está ativamente selecionando, ouvindo e lendo o material na tela.

A pessoa que consulta informações na Internet muito provavelmente está vendo com atenção o material que ela selecionou.

Junte o poder de selecionar o que é visto com o acesso "instantâneo" a tal informação, e você cria um envolvimento intenso, como aliás de fato ocorre no aprendizado *online*.

O internauta normalmente está inclinado para frente, olhando diretamente para a tela do computador, muito interessado no material que está sendo apresentado.

A lenda da publicidade, Marshall McLuhan, estava certo quando disse: "Informação instantânea cria envolvimento profundo."

Existem hoje em dia diversos estudos sobre o que é normalmente chamado de "espaço pessoal".

Todos os seres humanos têm limites criados por seus corpos físicos, mas também existem os limites psicológicos.

Isto é comprovado pelos hábitos territoriais de diversos animais, como cães e gatos.

As pessoas também têm limites territoriais, muitas vezes chamados de "espaços pessoais".

O espaço pessoal é um território invisível ao redor do indivíduo.

Objetos e pessoas dentro da zona do espaço pessoal recebem mais atenção e tendem a estar sob exame mais minucioso.

Todas as pessoas têm sua zona de espaço pessoal, mas ela é tratada de modo diferente em cada cultura.

Por exemplo, os japoneses, que vivem em condições de grande concentração de pessoas, tendem a compensar a falta do espaço pessoal evitando toques acidentais e qualquer sinal de intimidade pessoal.

Em situações nas quais somos forçados a condições de grande proximidade física com outras pessoas, um dos recursos que usamos para lidar com a "intimidade forçada" é evitar contato visual.

Por outro lado, o contato a curta distância é muito mais íntimo se envolver contato visual.

Portanto, o que essas informações sobre espaço pessoal significam para o ciberespaço?

Nele acontece uma comunicação em que a pessoa vê instantaneamente informações em uma grande proximidade física (normalmente menos de 60 centímetros) num ambiente onde normalmente não existe proximidade física com outro usuário, mas há contato visual direto (pelo menos com o meio) e grande concentração.

Além disso, o local físico real do **cibercidadão** é normalmente um local de completa familiaridade, dentro dos limites territoriais da própria pessoa.

Daí pode-se concluir que o próprio ato de navegar na Internet cria, no espectador, **uma situação de intimidade sem precedentes** nos meios de comunicação anteriores.

Pode-se também pressupor que as pessoas (professores, tutores, aprendizes, etc.) que você encontra, ou com quem você interage por informações colocadas no meio, sentem-se em uma posição de intimidade pessoal.

Um ponto muito importante que de forma alguma deve ser esquecido é que controlar o conteúdo da Internet seria tão fácil quanto controlar cada pessoa que usa uma rodovia.

CAPÍTULO 4

A Internet foi criada a partir de uma operação custeada pelo governo dos EUA e isto sem dúvida, gerou um receio de que as piores partes do livro *1984*, de George Orwell e a noção de que "o Grande Irmão o está observando" pudessem tornar-se realidade.

No entanto, a maioria desses medos era infundada: e se o governo norte-americano quisesse (ou pudesse) controlar o acesso à Internet, ele já o teria feito...

Na verdade, pode-se dizer que a Internet está se tornando a **"rede da liberdade"** e tem sido responsável por muitas mudanças políticas no mundo.

Governos totalitários (ou empresas monopolistas) dependem fortemente do controle da informação e da falta de opções dos indivíduos para manter o seu poder (o domínio do mercado).

A Internet tira o controle da informação de tais governos (ou empresas), e seus líderes naturalmente não gostam disso.

Alguns governos ditatoriais têm reclamado que a Internet é "o fim das civilizações, das culturas, da sociedade e da ética, sendo um meio capitalista e opressor de entrar em cada casa do mundo".

Porém, o que de fato está acontecendo é que o fluxo da informação é a ameaça real tanto aos regimes como aos negócios, e isto inclui o fluxo da educação, pois a Internet entrega o **poder aos indivíduos**, não ao governo, merecendo desta forma ser denominada de **"rede da liberdade"**.

E aí é importante enfatizar o seguinte conceito: **o indivíduo tem liberdade total no ciberespaço**.

Navegar pela Internet é semelhante a ficar passando pelos canais de TV, só que sem obstáculos.

Ninguém mais é feito refém de um comercial enquanto espera pela volta do seu programa favorito: o usuário é totalmente livre para interromper o fluxo de informações que chega, ou simplesmente ir embora se as informações demorarem muito para chegar.

Ninguém está olhando, de forma que não existe qualquer pressão social para ficar polidamente parado ali.

Em outras palavras, as pessoas que visitam qualquer ponto da Internet fazem-no porque querem fazê-lo, e sua tarefa quando quiserem realizar negócios no campo da educação (oferecer um curso, ou uma consultoria virtual) no ciberespaço é fazer com que os aprendizes queiram pelo menos entrar no seu *site*.

4.3 – CONSIDERAÇÕES PROSPECTIVAS

Para o professor *online*, seu principal recurso é a *Web*, de maneira que ele precisa continuamente estar a par de todas as novidades que surgem na Internet para assim atualizar seu curso e permitir maior facilidade na assimilação dos seus conhecimentos.

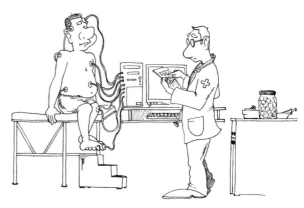

"O computador detectou que o seu disco tem hérnia professor!!!"

Felizmente, parece que as novidades na Internet surgem todo dia, e isto significa que jamais um novo curso será igual ao anterior...

Cada vez torna-se mais rápido e mais fácil obter informações, e comunicar-se com os colegas, introduzindo recursos de áudio e vídeo.

O professor precisa também ser assinante de boas revistas, como a *Online Learning* e *Training*, e não deixar de ler o que se escreve nas seções de Informática dos melhores jornais brasileiros (*O Estado de S. Paulo, Folha de S. Paulo, Gazeta Mercantil, Valor Econômico, O Globo, Jornal do Brasil,* etc.), não apenas sobre a Internet, mas também sobre os avanços do *e-learning* (aprendizado eletrônico).

É verdade que as mudanças no ensino e aprendizado *online* (e no *online* em geral) ocorrem tão rapidamente que é impossível estar ciente de tudo.

Portanto, o professor não deve ficar tenso e sentir às vezes que está ficando para trás, fato que ocorre com muita gente.

Contudo, isto não significa que deva se acomodar, mas, ao contrário, procurar ser mais veloz, porque em algumas organizações chamadas de empresas cinéticas o lema é: **"Seja rápido ou morra!!!"**

Não deve ainda o professor esquecer que a tecnologia é **maravilhosa** mas também pode ser **temperamental.**

Dessa maneira, deve estar preparado para algum dia ficar muito aborrecido ou extremamente desapontado com ela, que pode falhar, e a sua aula terá que ser dada quase que na forma manual.

O ensino *online* pode inicialmente ser muito assustador para o professor acostumado a dar aulas à maneira tradicional, quer dizer, face a face.

Mas ele também pode ser muito gratificante quando o mestre perceber que conseguiu estabelecer uma intensa rede de relacionamentos, e **todos** os aprendizes estão envolvidos no ensino (o que é difícil de alcançar no ensino tradicional...).

Portanto, meu (minha) caro (a) professor (a), seja paciente com os seus aprendizes virtuais e com a tecnologia que estará usando para ensiná-los.

No final de tudo, se persistir, constatará com muita alegria que os resultados atingidos com o *e-learning* foram excelentes!!!

REFLEXÃO FINAL – UM MUNDO CADA VEZ MAIS VELOZ

Jason Jennings e Laurence Haughton, no seu livro *Não são os grandes mas os rápidos que ganham – A empresa e a velocidade* (Editora Campus – 2000) dizem: "O pensamento veloz não o levará muito longe, a menos que você seja capaz de processar rapidamente seus pensamentos e decisões.

Nada contribui mais para tornar lenta uma organização do que a **paralisia pela análise** – a incapacidade de tomar até as menores decisões rapidamente."

Traduzindo: hoje as empresas mais dinâmicas do mundo tomam decisões rápidas no sentido de desmontar a burocracia, reorganizar velozmente seus portfólios e reavaliar tudo constantemente.

Para que as decisões sejam rápidas e corretas, elas devem ser tomadas o mais **rápido possível** no momento em que se fazem necessárias.

Assim, por exemplo, no caso de IES: se for um problema de atendimento do aluno, o atendente deve ser o responsável; se for uma aquisição em potencial, o responsável pela aquisição deve decidir depressa; se for uma questão de atualização do curso, cabe ao coordenador e ao diretor da faculdade agirem prontamente.

Na verdade, a menos que uma IES reavalie constantemente as decisões que alimentam e inspiram o processo de ensino e aprendizado, ela poderá acabar sendo vítima da obsolescência e da ineficiência.

Não é só!

Tudo faz crer que as IESs, como a FAAP, vão ter de utilizar a Internet cada vez mais no relacionamento com seu cliente principal – o **estudante**. Não é difícil compreender as razões: a Internet é um exemplo perfeito de sistema vivo e contemporâneo, sem o qual não dá para ter o aprendizado *online* sobre o qual falamos o tempo todo. A Internet possibilita também, fora do setor da educação, integrar lideranças e compartilhar idéias. Além do mais, permite que todos sejam atores locais e mundiais a um só tempo. Muito sabiamente, o executivo principal da Cisco Systems, John Chambers, alerta: " Ou as empresas se tornam mais rápidas ou elas desaparecem. "Certamente, as IESs não constituem exceção.

É essencial, pois, que elas busquem implementar estratégias e táticas, que além de as tornarem mais dinâmicas, permitam-lhes oferecer novos métodos de educação, como o *e-learning*, e levá-los rapidamente ao mercado.

O tempo e o conhecimento são os recursos críticos para o século XXI, e todos querem utilizá-los de maneira cada vez mais eficiente. A análise da última década das empresas que **mais cresceram no mundo** nos indica que foram aquelas que souberam, junto com uma judiciosa alocação de recursos, utilizar adequadamente o tempo e obter o conhecimento.

Realmente, o eficaz uso do tempo e as exigências de maior velocidade e qualidade são o que separa atualmente as empresas ganhadoras das perdedoras.

No campo da educação isto pode significar como estas empresas estão se voltando para o aprendizado *online* (aliás o mesmo se pode inferir para as pessoas vencedoras que optaram pelo *e-learning*...).

Concluindo, devemos ressaltar que as IESs verdadeiramente dinâmicas ou **cinéticas**, que mostram habilidade para manter e colher bons resultados da sua aceleração, não são naturalmente mais velozes que as suas competidoras mais lentas.

Porém, são mais espertas!!! Espertas no melhor sentido da palavra, é prudente repetir. Elas já perceberam quais são os redutores de velocidade na aquisição do aprendizado que devem ser eliminados de maneira impiedosa, com a garantia de que eles não voltarão a brecar novos avanços e a consolidação de posições conquistadas no ensino.

CAPÍTULO 4

- O mundo ficará cada vez mais veloz?
- Sim!!!
- As IESs que são hoje relativamente lentas ou que constituem uma tênue sombra de concorrência podem ganhar feições dinâmicas e agressivas no âmbito da competição?
- Sim!!!

Porém, sem dúvida, deverão incluir o aprendizado *online* no seu portfólio de ofertas de ensino.

As IESs no século XXI precisam aproveitar-se da velocidade que a Internet permite imprimir à transferência de conhecimentos, garantindo assim o oxigênio para perpetuar a sua sobrevivência e, em paralelo, desenvolvendo um antídoto para uma provável decadência.

Neste início do século XXI, uma nova verdade e um novo *slogan* estão se consolidando.

A nova verdade: "Não é o grande que engole o pequeno, mas é o veloz que engole o lento."

O novo *slogan* é: **"Faça com menos e faça mais rápido."**

É por esses motivos que toda IES precisa fazer do aprendizado *online* – fundamentado na velocidade de comunicação quase instantânea (velocidade da luz) da Internet –, uma das suas novas vantagens competitivas.

Claro que os cursos se diferenciarão, e muito, pelo conteúdo e pela capacidade de atendimento do professor e de toda a sua equipe de apoio.

E aí não se pode esquecer nunca o alerta de Proust: "É preciso correr antes que seja tarde e não exista mais tempo."

– Você, meu (minha) caro (a) professor, (a) já está fazendo algum uso da Internet para complementar ao menos alguma parte do seu curso tradicional face a face?

Não!!!

Então, cuidado com o que disse Proust.

152

CAPÍTULO 4

Em caso de uma resposta afirmativa para esta pergunta lhe desejamos um futuro no qual as preocupações fiquem de lado de fora, ou seja:

Que os dias de feriado nunca sejam nublados.

Que os temporais só desabem quando você já estiver na cama.

Que não falte luz na hora da sua novela ou no final de algum campeonato.

Nem quando você esteja ensaboado(a) debaixo do chuveiro.

Que você não esqueça a chave de casa no escritório.

E nem a chave de roda dentro do porta-malas lotado.

Que o celular nunca esteja fora de área.

E, principalmente, que o seu computador nunca trave quando você estiver em ação no seu curso de e-learning!!!

GLOSSÁRIO

Acesso à Internet ➡ Capacidade de um usuário se conectar à Internet.

Existem várias maneiras e as mais tradicionais são: através da discagem de um provedor de serviços da Internet ou de um provedor de serviços de informações *online*, por meio de um *modem* conectado ao computador do usuário.

Estão surgindo outras maneiras com a evolução da tecnologia.

Analógico ➡ Diz-se isto de um dispositivo ou sinal que tem a propriedade de variar continuamente em força ou quantidade, como a voltagem de um circuito eletrônico ou a intensidade de um som.

Backbone ➡ Uma rede de transmissão para comunicação que carrega a maior parte do tráfego entre redes menores.

Banner ➡ Seção de página *Web* que contém um anúncio que, comumente tem de 2 cm a 3 cm de altura e se estende por toda a largura da página.

Baud ➡ Uma medida da velocidade de transmissão de dados, cujo nome é uma homenagem ao engenheiro e telegrafista Jean Maurice Emile Baud.

Binário ➡ Um sistema que tem dois componentes, alternativas ou resultados. O sistema numérico binário tem base dois, logo, os valores são expressos por uma combinação de dois dígitos, zero e um.

Bit ➡ No processamento e armazenamento de dados um *bit* é a menor unidade de informação tratada pelo computador, sendo representada fisicamente por um elemento específico - por exemplo, um pulso isolado enviado através de um circuito, ou um pequeno ponto num disco magnético, capaz de conter um zero ou um.

Visto isoladamente, um *bit* não fornece nenhuma informação que um ser humano possa considerar significativa.

Entretanto, em grupos de oito, os *bits* se tornam *bytes*, que são a forma mais conhecida de

GLOSSÁRIO

representação de todos os tipos de informação no computador, inclusive as letras do alfabeto e os dígitos de zero a nove.

Bulletin board service (ou system) – BBS ➡ um serviço de quadro de avisos. Um sistema de computador equipado com um ou mais *modems* ou um outro meio de acesso a redes, e que serve como centro de troca de informações e transferências de mensagens para usuários remotos.

Byte ➡ Uma unidade de dados que hoje é formada quase sempre com oito *bits*.

Um *byte* representa um único caractere, como uma letra, um dígito ou um símbolo de pontuação ou acentuação.

Como um *byte* representa apenas uma pequena quantidade muito limitada de informação, a capacidade de memória e de armazenamento é geralmente expressa em *kilobytes* (1024 *bytes*), *megabytes* (1.048.576 *bytes*) ou *gigabytes* (1.073.741.824 *bytes*).

CD-ROM ➡ Acrônimo de *compact disc read only memory*.

É uma forma de armazenamento caracterizada pela alta capacidade (aproximadamente 600 *megabytes*) e pelo uso de técnicas óticas de laser em vez de eletromagnetismo para a leitura de dados.

Chat ➡ Forma de comunicação à distância, utilizando computadores ligados à Internet, na qual o que se digita no teclado de um deles aparece em tempo real no vídeo de todos os participantes do bate-papo.

Ciberespaço ➡ Espaço de comunicações por redes de computação.

Cibernauta ➡ Usuário de um espaço virtual ou de uma rede internacional de telemática.

CPU ➡ Acrônimo de *central processing unit*, ou seja, unidade central de processamento.

Digital ➡ Referente aos dígitos e à forma como eles são representados.

Na informática, digital é praticamente sinônimo de binário porque os computadores com que estamos familiarizados processam informações codificadas como combinações de dígitos binários (*bits*).

Disk drive ➡ Um dispositivo eletromagnético que permite a gravação e a leitura de dados em discos.

Download ➡ O processo de enviar arquivos via linhas telefônicas ou outras conexões em rede de um computador para outro.

DVD ➡ *Digital video disc*, ou seja, disco de vídeo digital.

GLOSSÁRIO

Com a tecnologia de disco digital, é possível codificar imagens, sons e dados de computador em um CD. O disco de vídeo digital pode armazenar maiores volumes de dados que um CD tradicional.

EAD ➡ Educação ou ensino a distância.

E-business ➡ Ver *e-commerce*.

E-commerce ➡ Comércio eletrônico, ou seja, transações comerciais seguras na Internet.

E-learning ➡ Aprendizado eletrônico e assunto desse livro.

E-mail ➡ Correio eletrônico ou um mensagem de texto eletrônica.
A troca de mensagens de texto e arquivos de computador por meio de uma rede de comunicação, como uma rede local ou a Internet, em geral entre computadores ou terminais.

FAQ ➡ *Frequently asked questions*, ou seja, as perguntas feitas mais freqüentemente ou as dúvidas mais comuns.

Fax ➡ Abreviatura de *fac-símile*, a transmissão de texto ou gráficos por linhas telefônicas em formato digital.

Flaming ➡ O ato de enviar mensagens com a intenção de que sejam ofensivas.

Fórum ➡ Um meio fornecido por um serviço *online* ou BBS para que os usuários dêem continuidade a discussões sobre um determinado assunto enviando artigos e respondendo mensagens.

Freeware ➡ Um *software* oferecido gratuitamente.

Friendly ➡ Amigável. Diz-se isto das características próprias de um *hardware* ou de um *software* que tornam fácil o seu aprendizado e utilização.

FTP ➡ Acrônimo de *file transfer protocol*, ou seja, protocolo de transferência de arquivo.

Gateway ➡ Dispositivo utilizado para conectar diferentes redes - redes que utilizam diferentes protocolos de comunicação - de modo que seja possível transferir informações entre elas. Ao contrário de um ponte, que, transfere informações entre redes similares, o *gateway* transfere as informações depois de converte-las para um formato compatível com os protocolos usados pela segunda rede para transporte.

Gbps ➡ *Gigabits per second*, ou seja, *gigabits* por segundo.

GLOSSÁRIO

Giga ➡ Um bilhão, ou seja, 1.000 milhões.

Global ➡ Universal, ou que diz respeito à totalidade de um arquivo, documento, programa ou algum outro documento.

Groupware ➡ *Software* que permite que um grupo de usuários de uma rede colabore em determinado projeto.
O *groupware* pode oferecer serviços para comunicação (por exemplo, correio eletrônico), desenvolvimento de documentos colaborativos, agendamento e acompanhamento.
Os documentos podem conter texto, imagens e outros tipos de informação.

Hand held computer ➡ Computador de mão, ou seja, um computador pequeno o suficiente para caber em uma das mãos e ser operado por outra.

Hardware ➡ Os componentes físicos de um sistema de computador, abrangendo quaisquer periféricos (impressoras, *modems*, *mouses*, etc.)

Help desk ➡ Equipe de suporte técnico que ajuda o usuário a resolver problemas em sistemas de *hardware* ou *software* ou a encaminhar esses problemas a quem é capaz de resolvê-los.

Hipermídia ➡ Sistema de registro e exibição de informações informatizadas por meio de computador que permite acesso a determinados (com textos, imagens estáticas ou em movimento, sons, *softwares*, etc.) a partir de *links* que acionam outros documentos e assim sucessivamente.

Hipertexto ➡ Apresentação de informações escritas, organizado de tal maneira que o(a) leitor(a) tem liberdade de escolher vários caminhos, a partir de seqüências associativas possíveis entre blocos vinculados por remissões, sem estar preso a um encadeamento linear único.

Home page ➡ Documento destinada a funcionar como o ponto de partida em um sistema de hipertexto, especialmente na *World Wide Web.*
Na realidade é a primeira página do *site*, embora o termo seja usado às vezes para se referir ao *site* todo. Equivale à página principal.

Host ➡ Computador principal de um sistema de computadores ou terminais conectados por enlaces de comunicação.

HTML ➡ Acrônimo de *hypertext markup language*, ou seja, linguagem de marcação de hipertexto, sendo a linguagem simples usada para se criar páginas na *Web*.

HTTP ➡ Significa *hypertext transfer protocol*, que pode ser traduzido como protocolo de transferência de hipertexto, sendo usado para transferir páginas *Web*.

GLOSSÁRIO

IE ➡ Acrônimo de instituição de ensino.

IES ➡ Acrônimo de instituição de ensino superior.

Imagem ➡ Descrição armazenada de uma figura gráfica, como um conjunto de valores de brilho e cor de *pixels* (pontos luminosos do monitor que juntamente com outros do mesmo tipo, formam imagens na tela) ou como um conjunto de instruções para a reprodução da figura.

Informação ➡ Significado dos dados de uma maneira tal que possa ser interpretado pelas pessoas.

Os dados consistem em fatos que se transformam em informações quando encontradas em um contexto, e transmitem significado às pessoas.

Os computadores processam dados sem qualquer entendimento acerca do que os mesmos representam.

Input ➡ Introduzir informações em um computador.

Interativo ➡ Que opera sob a forma de intercâmbio de informações, comumente de modo conversacional, como quando o usuário digita uma pergunta ou um comando e o sistema responde em seguida.

Os microcomputadores são equipamentos interativos; essa interatividade é um das características que os tornam acessíveis e fáceis de usar, sendo por isso essenciais ao *e-learning*.

Internet ➡ Conjunto mundial de redes e *gateways* que utilizam o conjunto de protocolos TCP/IP para se comunicar uns com os outros.

No centro da Internet há um *backbone* de linhas de comunicação de dados de alta velocidade entre nós principais ou computadores *host*, composto de milhares de sistemas de computadores comerciais, governamentais, educacionais, entre outros, que roteiam dados e mensagens.

Um ou mais nós da Internet podem parar de funcionar sem entretanto gerar um colapso na Internet como um todo, porque ela não é comandada por nenhum computador ou rede individual.

A Internet surgiu como um rede descentralizada, chamada ARPANET, criada em 1969 pelo departamento de Defesa norte-americano para facilitar a comunicação no caso de um ataque nuclear.

Posteriormente outras redes, como a BITNET, a Usenet, a UUCP e a NSF net, acabaram se conectando à ARPANET.

Hoje, a Internet oferece uma grande variedade de serviços aos usuários, como FTP, correio eletrônico, *World Wide Web*, Usenet News, Gopher, IRC, Telnet, etc.

Intranet ➡ Rede local de computadores, circunscrita aos limites internos de uma instituição, na qual são utilizados os mesmos programas e protocolos de comunicação empregados na Internet.

GLOSSÁRIO

IP ➡ *Internet protocol*, ou seja, protocolo Internet.

ISDN ➡ Acrônimo de *integrated services digital network*, isto é, rede digital de serviços integrados (RDSI), geralmente suportando taxas de transferencia de dados de 64 kbps.

ISP ➡ Acrônimo de Internet *service provider*.
É uma empresa que presta serviços de conectividade da Internet a pessoas, empresas e outras organizações. Alguns ISPs são grandes corporações nacionais ou internacionais que concedem acesso em diversos locais, ao passo que outras estão limitadas a uma única cidade ou região.
Também chamado de *access provider* (provedor de acesso) ou *service provider* (provedor de serviços).

Java ➡ Uma linguagem de programação desenvolvida pela Sun Microsystems para a Internet. A Java foi projetada para ser segura e independente de plataforma.

Joystick ➡ Dispositivo de indicação muito popular, usado principalmente nos jogos de computador, porém, também, para uma série de outras tarefas, inclusive educacionais por *link* de comunicação que permite a qualquer dispositivo interagir com qualquer outro equipamento da rede.

LAN ➡ Acrônimo de *local area network*.
Grupo de computadores e outros dispositivos dispersos por uma área relativamente limitada e interligadas por *link* de comunicação que permite a qualquer dispositivo interagir com qualquer outro equipamento da rede.

Laptop ➡ Computador pessoal pequeno e portátil que funciona com baterias ou alimentação AC (*alternating current* - corrente alternada), projetado para se usado em viagens.
Embora *notebook* seja o termo mais usado hoje para computadores portáteis ultra-leves, essas máquinas costumam ser chamadas também de *laptops*.

Log in ➡ Informação de identificação pessoal a que se dá entrada num computador para aceder um sistema de computação dotado de barreiras de segurança ou algum serviço *online*.

Log on ➡ Conjunto de procedimentos organizados que permitem ao usuário estabelecer uma conexão com o sistema informatizado ou dispositivo periférico.

Mainframe ➡ Computador de grande porte utilizado para processar altas taxas de informações simultâneas.

Mbps ➡ Abreviatura de *megabits per second*, ou seja, um milhão de *bits* por segundo.

GLOSSÁRIO

Microcomputador ➡ Computador construído com base em microprocessador montado em um único *chip* (circuito integrado).

No inicio, menos possantes que os minicomputadores e os *mainframes*, os microcomputadores foram se transformando, em máquinas possantes, capazes de executar tarefas complexas.

Microprocessador ➡ É uma unidade de processamento central (*central processing unit* - CPU) alojada em um único *chip*.

Os microcomputadores modernos tem milhões de transistores em um circuito integrado de alguns centímetros quadrados.

Modem ➡ Abreviatura de *mo*dulator/**demo**dulator.

É um equipamento de comunicação que permite transmitir informações por linhas telefônicas comuns.

Monitor ➡ Dispositivo em que são apresentadas as imagens geradas pelo adaptador de vídeo.

Mouse ➡ Dispositivo de indicação comum.

As características básicas de um *mouse* são: a "caixa" de fundo plano, projetada para se encaixar na palma da mão, um ou mais botões na parte superior, um dispositivo de detecção multidirecional (em geral, uma esfera) na parte inferior e um cabo que o conecta ao computador.

Movimentando o *mouse* sobre uma superfície plana (uma mesa, por exemplo), o usuário controla um cursor na tela.

MP3 ➡ É o sub produto de áudio do MPEG (*motion picture experts group*), organismo internacional que busca melhorar e padronizar a maneira de armazenar e exibir vídeo em computadores. Trata-se pois de uma forma de armazenar som digital, que pode ser reproduzido quase com qualidade de CD, ocupando poquíssimo espaço.

Multimídia ➡ Combinação de som, elementos gráficos, animação e vídeo.

No universo dos computadores, multimídia é um subconjunto de hipermídia, que combina os elementos acima mencionados ao hipertexto.

Net ➡ Abreviatura de Internet.

Netiquette ➡ Abreviatura de **net**working eti**quette**, ou seja, netiqueta, na qual se busca preservar certos princípios de cortesia no envio de mensagens eletrônicas, como correspondência e artigos.

As conseqüências da violação da etiqueta da Internet vão desde o envio de *flame* (crítica ou mensagem ofensiva) até a inclusão do nome do transgressor no "filtro de bobos" do público de alguma comunidade virtual.

GLOSSÁRIO

Network ➡ Grupo de computadores e dispositivos complementares conectados por meio de recursos de comunicação.

A rede pode ter conexões permanentes, como cabos, ou temporários, como linhas telefônicas ou outros *links* (conexões ou enlaces).

A rede pode ser uma pequena rede local, formada por alguns poucos computadores, impressoras e outros dispositivos, ou por diversos computadores grandes ou pequenos distribuídos por alguma vasta área geográfica.

Newbie ➡ Um usuário inexperiente da Internet.

Newsgroup ➡ Fórum da Internet destinado ao encadeamento de debates sobre um conjunto específico de assuntos.

É um grupo de notícias com foco em um único tema, em que, qualquer um tem permissão de responder ou fazer perguntas no que diz respeito ao tema do fórum.

Um *newsgroup* é composto de artigos e publicações de acompanhamento.

Um artigo que contém todas as respectivas publicações de acompanhamento - todas as que são (supostamente) relacionadas ao assunto especificado na linha do artigo original - constitui um encadeamento.

Online ➡ Programa ou dispositivo de computador que está ativado e pronto para operação, capaz de se comunicar com um computador ou ser controlado por ele.

No nosso caso do aprendizado o professor e/ou os aprendizes estão conectados à Internet para receber informações e trocar mensagens.

Output ➡ Resultados do processamento enviados para a tela ou para a impressora, armazenados em arquivos de disco, ou enviados a outro computador de uma rede.

Em outras palavras é a saída de resultados.

Palmtop ➡ Computador pessoal portátil cujo tamanho reduzido permite que o usuário o segure com uma das mãos enquanto o opera com a outra.

Uma grande diferença entre os *palmtops* e os *laptops* consiste no fato de que os *palmtops* são, em geral, alimentados por pilhas comuns, como as do tipo AA.

Pixel ➡ Abreviatura de **picture** (*pix*) **element**.

Cada ponto em uma matriz retangular de milhares de pontos iguais que são "pintados" individualmente para produzir uma imagem na tela do computador ou no papel de impressora.

Provedor de acesso ➡ Ver ISP.

Rede ➡ Ver *World Wide Web*.

GLOSSÁRIO

Resolução ➡ Em termos de criação de imagem gráfica, é o número de *pixels* por polegada usado para compor a imagem.

RAM ➡ Acrônimo de *random access memory*. Memória baseada em *chips* semicondutores que podem ser lidos e gravados (escritos) pelo microprocessador e outros dispositivos.

ROM ➡ Acrônimo de *read-only memory*. Memória baseada em *chips* semicondutores que contêm instruções e dados, cujo conteúdo pode ser lido, mas não modificado.
Para criar um *chip* de ROM, o projetista fornece ao fabricante as instruções ou os dados que serão gravados; o fabricante, por sua vez, produz um ou mais *chips* contendo essas instruções ou dados.

Roteador ➡ Um computador usado para conectar e passar informações entre duas redes de computadores.

SDSL ➡ Abreviatura de *single-line digital subscriber line*, ou seja, linha de assinante digital com linha única.

Servidor ➡ Um computador que "serve" arquivos ou dados para outros computadores.

Site ➡ Ver *Web site*.

SMTP ➡ Acrônimo de *simple mail transfer protocol*, isto é, o protocolo usado pelo correio eletrônico.

Snail mail ➡ O "correio-lesma", ou seja, o correio convencional, no qual se usa papel, envelope e selos.

Software ➡ Programa de computador; instruções que o computador é capaz de entender e executar.
As duas categorias principais são os sistemas operacionais (*software* básico), que controlam o funcionamento do computador, e os *softwares* aplicativos, como processadores de textos, planilhas e bancos de dados, que executam as tarefas pelas quais as pessoas usam os computadores.
Duas outras categorias, que não se encaixam entre os *softwares* básicos nem entre os *softwares* aplicativos, embora contenham elementos de ambos, são os softwares de rede, que permitem a comunicação dos computadores entre si, e as linguagens, que fornecem aos programadores as ferramentas de que necessitam para escrever os programas.

Spam ➡ Um jargão na Internet para se referir a postagem de mensagens de correio eletrônico não solicitadas, normalmente, para um grande número de endereços usados às vezes também para descrever a repetição de palavras em uma página para conseguir que a mesma seja classificada em um *ranking* mais alto em mecanismos de busca.

GLOSSÁRIO

Spammers ➡ Pessoas que enviam mensagens não solicitadas de correio eletrônico.

Spamming ➡ Jargão na Internet para o ato de enviar *spam*.

Spider ➡ Significa aranha, porém é um programa automatizado que vai de página em página e de *link* em *link* na Internet com a finalidade de catalogar informações para um mecanismo de busca.

Streaming ➡ Nos dispositivos de armazenamento de fita magnética, uma técnica de baixo custo que controla o movimento da fita através da transferência dos *buffers* (região da memória reservada para ser utilizada como um repositório intermediário no qual os dados são mantidos temporariamente, enquanto aguardam sua transferencia entre duas posições - por exemplo entre a área de dados de uma aplicação e um dispositivo de entrada (saída) da fita.

TCP/IP ➡ Acrônimo de *transmission control protocol/Internet protocol*.
É um protocolo desenvolvido pelo Departamento de Defesa dos EUA para a comunicação entre computadores.
O TCP/IP foi projetado para o sistema UNIX e tornou-se o padrão de fato para a transmissão de dados por meio de redes, incluindo a Internet.

URL ➡ Acrônimo de *universal resource locator*, ou seja, um locador de recurso universal.
Na realidade é o endereço de um recurso na Internet.
As URLs são usadas por navegadores da *Web* para localizar recursos na Internet.
Um URL especifica protocolo a ser usado para acessar o recurso (como http: para uma página da *World Wide Web*, ou ftp: para um *site* FTP), o nome do servidor no qual o recurso reside (tal como //www.whitehouse.gov) e, opcionalmente, o trajeto para o recurso (por exemplo, um documento HTML ou um arquivo naquele servidor).

WAN ➡ Acrônimo de *wide area network* (rede remota).
É uma rede de comunicação que interliga áreas geográficas separadas.

Web ➡ Um conjunto de documentos interligados em um sistema de hipertexto.
O usuário acessa a *Web* por meio de uma *home page*.

Web browser ➡ Navegador da *Web*.
Uma aplicação que possibilita ao usuário visualizar documentos HTML contidos na *World Wide Web*, em outra rede ou no computador do usuário, acompanhar os vínculos e transferir arquivos.

Webmaster ➡ A pessoa responsável pela criação e manutenção de um *site* na *World Wide Web*.
Em geral, as responsabilidades de um *webmaster* incluem responder as mensagens de correio eletrônico, garantir a operação apropriada do *site*, criar e atualizar páginas da *Web* e manter a estrutura e o projeto globais do *site*.

GLOSSÁRIO

Web page ➡ É uma página da *Web*, ou um documento na *World Wide Web*.

Uma página da *Web* consiste em um arquivo HTML, com arquivos associados a gráficos e *scripts*, em um determinado diretório em uma máquina especificada (e, assim, identificável por um URL).

Web site ➡ *Site* da *Web*.

É um grupo de documentos HTTP (*hypertext transfer protocol*) relacionados e arquivos associados, *scripts* e bancos de dados que residem em um servidor HTML na *World Wide Web*.

Comumente, os documentos HTML em um *site* da *Web* abordam um ou mais assuntos relacionados e são interligados por meio de *hyperlinks* (conexões entre um elemento de um documento de hipertexto, com uma palavra, expressão, símbolo ou imagem, e outro elemento do documento, outro documento de hipertexto, um arquivo ou um *script*).

A maioria dos *sites* da *Web* tem uma *home page* como ponto inicial, que freqüentemente funciona como uma lista do conteúdo do *site*.

Muitas organizações têm um ou mais servidores HTTP dedicados a um único *site* da *Web*.

Entretanto um servidor HTTP pode também atender a diversos pequenos *sites* da *Web*, como os individuais.

Os usuários precisam de um navegador da *Web* e de uma conexão à Internet para acessar um *site* da *Web*.

Web TV ➡ Um sistema projetado para acessar a *World Wide Web* e exibir páginas da *Web* em uma tela de televisão usando um conversor do tipo *set-top box* (um dispositivo que converte um sinal de TV à cabo em um sinal de entrada para um aparelho de TV).

World Wide Web ou WWW ➡ É um conjunto totalmente interligado de documentos em hipertexto que residem em servidores HTTP do mundo todo. Os documentos WWW, denominados páginas da *Web*, são escritos em HTML, identificados por URLs, permitindo que o usuário acesse outros arquivos.

Com isso, o usuário pode passear pelo mundo pressionando uma tecla ou clicando um botão no *mouse*.

Esses arquivos podem conter textos (em uma variedade de fontes e estilos), imagens gráficas, arquivos de filme e som, como também *applets* (um pequeno código que pode ser transportado através da Internet e ser executado no computador do destinatário) Java, controles Active X ou outros pequenos programas aplicativos embutidos que são executados com um clique em um vínculo (*link*).

Um usuário que visita uma página da *Web* também pode transferir arquivos de um *site* de FTP e enviar mensagens para outros usuários via correio eletrônico usando os vínculos de páginas da *web*.

A WWW foi desenvolvida por Timothy Berners-Lee em 1989 para o CERN (*European Laboratory for Particle Physics*).

BIBLIOGRAFIA

Aguirre, F. G. A. – *La Función del Profesor como Asesor* – Editora Trillas – 1998.

Amor, D. – *A (R)Evolução do E-business - Vivendo e Trabalhando em um Mundo Interconectado* – Makron Books – 2000.

Bremmer, L. M. – Iasi, A. F. - Servati, A. – *A Bíblia da Internet* – Makron Books – 1998.

Capetillo, O. G. - Fahara, M. F. – *El Trabajo Docente - Enfoques Innovadores para el Diseño de um Curso* – Editorial Trillas – 1999.

Chen, M. - Armstrong, S. – *Edutopia - Success Stories for Learning in the Digital Age* – Jossey-Bass – 2002.

Carliner, S. – *On-line Learning* – HRD Press – 1999.

Collison, G. - Elbaum, B. - Haavind, S. - Tinker, R. – *Facilitating Online Learning - Effective Strategies for Moderators* – Atwood Publishing - 2000.

Costa, A. C. A. da – *Educação corporativa* – Qualitymark – 2001.

Crumlish, C. – *Explorando a Internet* – Makron Books – 1996.

Draves, W. A. – *Teaching Online* – Lern Books – 2000.

Dryden, G. - Vos, J. – *Revolucionando o Aprendizado* – Makron Books – 1996.

Dyson, E. – *Release 2.1 - A Design for Living in the Digital Age* – Broadway Books – 1998.

Edwards, P. - Edwards, S. - Rohrbough, L. – *Ganhando Dinheiro na Internet* – Makron Books – 2000.

Fainholc, B. – *La Interactividad en la Educación a Distancia* – Editorial Paidós SAICF – 1999.

BIBLIOGRAFIA

Frías, B. S. L. - Kleen, E. M. H. – *Evaluacíon del Aprendizaje* – Editorial Trillas – 2000.

Garza, R. M. - Leventhal, S. – *Aprender cómo Aprender* – Editorial Trillas – 2000.

Gery, G. – *Making CBT Happen - Prescriptions for Successful Implementation of Computer-Based Training in your Organization* – Gery Performance Press – 1995.

González, A. R. - *Técnicas y Modelos de Calidad en el Salón de Clases* – Editorial Trillas – 1999.

Guillon, A. B. B. - Mirshawka, V. – *Reeducação* – Makron Books – 1997.

Hanna, D. E. - Dudka, M. G. - Runlee, S. C. – *147 Practical Tips for Teaching Online Groups - Essentials of Web - Based Education* – Atwood Publishing – 2000.

Kearsley, G. – *Online Educatizon - Learning and Teaching in Cyberspace* – Wodsworth Thomson Learning – 2000.

Lévy, P. – *Cibercultura* – Editora 34 Ltda – 1999.

Lockwood, F. - Gooley, A. – *Innovation in Open & Distance Learning - Successful Development of Online and Web-Based Learning* – Kogan Page Limited – 2001.

Luiz, F. C. – *Impacto Digital* – Negócio Editora – 2001.

Massie, E. – *The Computer Training Handbook* – Lakewood Books – 1997.

Martin, C. – *O Futuro da Internet* – Makron Books – 2000.

Meister, J. C. – *Educação Corporativa* – Makron Books – 1995.

Meyer Jr., V. – *Dinossauros, gazelas & tigres - Novas Abordagens da Administração Universitária* – Editora Insular – 2000.

Microsoft Press – *Dicionário de Informática* – Editora Campus Ltda – 1998.

Moore, G. S. – Winograd, K. – Lange, D. – *You Can Teach Online - Building a Creative Learning Environment* – McGraw Hill – 2001.

Morabito, M. G. – *Online Distance Education: Historical Perspective and Practical Application* – Universal Publishers – 1999.

Murphy, D. - Walker, R. - Webb, G. – *Online Learning and Teaching with Technology Case Studies, Experience and Practice* – Kogan Page Limited – 2001.

Niskier, A. – *Educação à Distância - A Tecnologia da Esperança* – Edições Loyola – 1999.

Niskier, A. – *Novos Rumos da Educação Brasileira* – A União Editora – 1999.

BIBLIOGRAFIA

Niskier, A. – *Tecnologia Educacional - Uma Visão Política* – Editora Vozes – 1993.

Nonaka, I. - Takeuchi, H. – *Criação de Conhecimento na Empresa - Como as Empresas Japonesas Geram a Dinâmica da Inovação* – Editora Campus – 1997.

Palloff, R. M. - Pratt, K. – *Lessons from the Cyberspace Classroom - The Realities of Online Teaching* – Jossey Bass – 2001.

Perrenoud, P. – *Novas Competências para Ensinar* – Artmed Editora – 2000.

Pfromm Netto, S. – *Telas que Ensinam - Mídia e a aprendizagem: do cinema ao computador* – Editora Alínea – 1998.

Rapp, S. - Martin, C. – *Maxi-e-Marketing no Futuro da Internet* – Makron Books – 2002.

Rifkin, J. – *A Era do Acesso - A Transição de Mercados Convencionais para Networks e o Nascimento de uma Nova Economia* – Makron Books – 2001.

Rosenberg, M. J. – *e-Learning* – Makron Books – 2002.

Santos, J. G. E. de los – *Selección y Uso de Tecnología Educativa* – Editorial Trillas – 2000.

Silva, M. – *Sala de Aula Interativa* – Quartet Editora & Comunicação – 2000.

Stephenson, J. – *Teaching & Learning Online - Pedagogies for New Technologies* – Kogan Page Limited – 2001.

Stevenson, N. – *Distance Learning Online for Dummies* – IDG Books Worldwide – 2000.

Stockman, M. - Ferguson, D. – *Internet por Banda Larga para Dummies* – Editora Campus – 2001.

Tapscott, D. – *Creating Value in the Network Economy* – Harvard Business Review Book – 1999.

Tapscott, D. – *Economia Digital* – Makron Books – 1997.

Tapscott, D. – *Geração Digital - A Crescente e Irreversível Ascensão da Geração Net.* – Makron Books – 1999.

Tapscott, D. - Caston, A. – *Mudança de Paradigma* – Makron Books – 1995.

Tapscott, D. - Lowy, A. - Ticoll, D. – *Plano de Ação para uma Economia Digital* – Makron Books – 2000.

Tapscott, D. - Ticoll, D. - Lowy, A. – *Capital Digital* – Makron Books – 2001.

BIBLIOGRAFIA

Tauber, D. A. - Kienan, B. – *Webmastering para Dummies* – Editora Campus – 2001.

Torres, M. E. – *Asertividad y Escucha Activa en el Ámbito Académico* – Editorial Trillas – 1999.

Vanzo, E. T. – *Você@digital - Esteja pronto para a revolução da informação* – Editora Gente – 2000.

Warner, J. - Vachier, P. – *Dreamweaver 4 para Dummies* – Editora Campus – 2001.

Webb, W. – *A Trainer's Guide to the World Wide Web and Intranets - Using Online Technology to Create Powerful, Cost-Effective Learning in your Organization* – Lakewood Books – 1996.

Wolgemuth, A. – *Learning Online - An Educator's Easy Guide to the Internet* – IRI/ SkyLight Training and Publishing – 1996.

REVISTAS CONSULTADAS NA ELABORAÇÃO DO LIVRO

@prender online.

Educação.

Educational Technology.

Ensino Superior.

Escola.

Exame.

Harvard Business Review.

HSM Management.

Online Learning.

Profissão Mestre.

Super Interessante.

Technology Review.

Training.

O Aprendizado Online

www.dvseditora.com.br/boom

DVS Editora Ltda.
Al. dos Tacaúnas, 694
Planalto Paulista - São Paulo - SP
CEP 04068-021
Tel.: (0xx11) 5584-0314

CONHEÇA NOSSOS OUTROS TÍTULOS NO SITE:
www.dvseditora.com.br

Impressão e Acabamento
Com fotolitos fornecidos pelo Editor

EDITORA e GRÁFICA
VIDA & CONSCIÊNCIA

R. Agostinho Gomes, 2312 • Ipiranga • SP
Telefax: (11) 6161-2739 / 6161-2670
e-mail: gasparetto@snet.com.br
site: www.gasparetto.com.br